Marina Zwetajewa ist eine der großen Liebeslyrikerinnen der Moderne. Liebe, Leidenschaft, Leben, Literatur hingen für sie aufs widersprüchlichste und radikalste zusammen. Ohne Kompromisse strebte sie eine Intensität an, die ihrem romantischen Absolutheitsanspruch genügen sollte. Das mündete in große Dichtung, während die sogenannte Lebenswirklichkeit hinter den Idealen nicht nur zurückblieb, sondern sich als zunehmend feindlich erwies.

Zwetajewas Liebeslyrik ist ebenso facetten- und kontrastreich wie ihr androgynes Wesen: herrisch, zärtlich, aufmüpfig, fordernd, verletzlich, emphatisch, scharfsinnig, dramatisch, exaltiert, aber nie sentimental. In einer Tagebuchnotiz aus dem Jahre 1918 formuliert die Russin ihr persönliches Verhältnis zum Phänomen Liebe: »Ich bin keine Heroin der Liebe, ich verliere mich niemals an den Geliebten, immer – an die Liebe.«

Marina Zwetajewa wurde am 8. Oktober 1892 in Moskau geboren. Am 31. August 1941 beging sie in Jelabuga Selbstmord.

insel taschenbuch 3348
Marina Zwetajewa
Liebesgedichte

# Marina Zwetajewa
*Liebesgedichte*

Ausgewählt und mit
einem Nachwort versehen
von Ilma Rakusa

Insel Verlag

Umschlagabbildung: André Derain
Porträt Madame Carco, 1921. Ausschnitt
© VG Bild-Kunst, Bonn 2008

insel taschenbuch 3348
Originalausgabe
Erste Auflage 2008
© Insel Verlag Frankfurt am Main und Leipzig 2008
Alle Rechte vorbehalten, insbesondere das des
öffentlichen Vortrags sowie der Übertragung
durch Rundfunk und Fernsehen, auch einzelner Teile.
Kein Teil des Werkes darf in irgendeiner Form
(durch Fotografie, Mikrofilm oder andere Verfahren)
ohne schriftliche Genehmigung des Verlages reproduziert
oder unter Verwendung elektronischer Systeme
verarbeitet, vervielfältigt oder verbreitet werden.
Quellenverzeichnis am Schluß des Bandes
Vertrieb durch den Suhrkamp Taschenbuch Verlag
Umschlag: Michael Hagemann
Satz: Hümmer GmbH, Waldbüttelbrunn
Druck: Ebner & Spiegel, Ulm
Printed in Germany
ISBN 978-3-458-35048-4

1 2 3 4 5 6 – 13 12 11 10 09 08

*Liebesgedichte*

Mich freut, daß Sie toll sind: nicht nach mir,
Mich freut, daß ich toll bin: nicht nach Ihnen,
Daß nie die Erde, das schwere Quartier,
Hinwegschwimmen wird unter mir und Ihnen.
Mich freut, daß ich weiterhin undressiert
Und lustig bleib, ohne die Dame zu mimen,
Und nicht erröte in schlecht erstickter Gier,
Weil unsre Ärmel sich zu streifen schienen.

Auch freut mich, daß Sie vor meinen Augen
In Herzensruhe die andere umschließen
Und nicht prophezein, daß ich auf Höllenalaun
Geröstet werde, weil nicht Sie ich küsse;
Daß Sie, Zärtlicher, den zarten Laut
Meines Namens nicht tagnächtlich nutzlos aufbieten,
Daß nie man im stillen Kirchenstaub
Ein Jubellied singen wird, uns zu grüßen.

Ich danke Ihnen – Herz und Hand! – dafür,
Daß Sie mich unwissend in Ihnen
Tragen: für meine nächtlich stille Tür,
Die seltenen Treffen unter Dämmergardinen,
Die Nichtspaziergänge im Mondrevier,
Für unsre Köpfe, nicht von Sonne beschienen –
Dafür, daß Sie toll sind – leider – nicht nach mir,
Dafür, daß ich toll bin – leider – nicht nach Ihnen!

3. Mai 1915

Durch frevelnde Folianten
Sind Frauen nicht gefährdet.
Brevier der Ars amandi
Ihnen ists – die Erde.

Das Herz – der Trank der Tränke –
Übertrifft sie alle.
Die Frau – kaum Wiegenengel
Ist sie schon Sündenfall.

So ferne, ach, der Himmel!
Die Lippen – Liebster bleib ...
Gott richte nicht! Du warst
Nie ein irdisches Weib!

      29. September 1915

Nimm, wundersamer Freund, aus meiner Hand
Die Stadt, die nicht von Menschenhand entstand.

Die dutzendvierzig Kirchlein – kirchleinweise,
Dazu die Tauben ihrer Hoheitskreise.

Das Spasski-Tor – mit Blumen –, wo erlöst
Der müde Wallfahrer das Haupt entblößt.

Die Sternkapelle – Dach vor Unglück, Hader –,
Wo blankgeküßt ist jeder Bodenquader.

Den fünfdomigen Ring – nimm, mir gesandter
Begeisterter seit Urzeiten Verwandter.

Mein Gast fernher, und wir betreten beide
Den Garten in der Unverhofften Freude.

Und funkelnd stehn die Kuppeln über uns,
Und dunkel gehn die Glocken über uns.

Die Mutter Gottes in den Purpurhöhen
Läßt nieder auf dich ihren Schleier wehen.

Und du erstehst voll Zauberkraft von neuem ...
»Es wird dich nicht, daß du mich liebtest, reuen.«

31. März 1916

Vorbei an Türmen die stillen
Plätze in fliehender Jagd.
Und wir. Ach, schaurig das Brüllen
Junger Soldaten bei Nacht!

Herz, überläute die Schelle!
Lippen der Liebe, küßt heiß!
Ach, dieses Tierbrüllen, helle
Kreisende Blut, ach welch Preis...

Und du – der Mund eine Lohe.
Aber die Miene – gotthold!
Und die Iberische, Hohe
Glüht wie ein Kästchen von Gold.

Nun laß den Übermut. In den
Kerzenkranz schau mit mir still.
Damit nicht in dieser blinden
Nacht mit uns wird, was ich will.

31. März 1916

Bei mir in Moskau strahlt der Kuppeln Kleid,
Bei mir in Moskau tönen Glocken weit,
Und in den Grüften stehen, streng gereiht,
Die Särge aller Zarinnen und Zaren.

Und dir bleibt fremd: am Kreml ist der Tau
Besonders licht, die Luft besonders lau!
Und, ach, du weißt nicht, daß ich arme Frau
Still zu dir bete, Tag und Nacht, seit Jahren.

Du gehst umher an deinem Newafluß,
Indes, den Kopf gesenkt, ich voll Verdruß
Am Ufer der Moskwa verharren muß,
Wenn die Laternenflämmchen niederfahren.

Ich liebe dich voll Ruhelosigkeit,
Ich höre dich, noch ohne Schlaf, zur Zeit,
Da in den Kremltürmen schon bereit
Die Glöckner stehn, die Hände an den Seilen.

Und doch ich weiß: Mein Fluß wird nie zum Strand
Des deinen strömen, meine leere Hand
Bleibt deiner, du mein Lieber, unbekannt,
Weil sich zwei Morgenröten nie ereilen.

7. Mai 1916

O Muse der Klage, wie du ist keine so schön!
O du behextes Geblüt, weißer Nacht entbunden!
Den Schneesturm schwarz läßt auf Rußland du
                                    niedergehn,
Und wie Pfeile schlagen deine Schreie uns Wunden.

Da stehn, Erstarrende, wir, und ein dumpfes: Ach,
Hunderttausendfach, legt ab seinen Eid dir, Anna
Achmatowa! Dieser Name, ein schwerer Hauch,
Der tief hinunterfällt, die Tiefe, sie nennt kein Name.

Wir tragen Kronen aus Stolz, daß mit dir wir hier
Die Erde stampfen und atmen denselben Himmel.
Und wer den Pfeil deines tödlichen Schicksals spürt,
Tritt schon unsterblich dereinst in das Sterbezimmer.

Die Kuppeln sind meiner klingenden Stadt erstrahlt,
Dem lichten Erlöser lobsingt eines Blinden Kehle.
Mein Gut, ich schenk es dir, nimm meine Glockenstadt,
Achmatowa, – und dazu meine Seele.

19. Juni 1916

## *Don Juan*

Im frostroten Sonnenaufgang,
Unter der siebenten Birke
Hinter der hinteren Kirche
Warten Sie, Don Juan!

Nur leider, bei meinem Leben
Und meinem Bräutigam schwör ich –
Nirgends ein Ort, sich zu küssen,
In meinem Vaterland.

Und nirgends sprühn Wasserspiele,
Und unter Eis starrt der Brunnen,
Und unsere Gottesmütter
Schauen mit strengem Blick.

Und eigens damit die Schönen
Klingelnde Worte nicht hören,
Gibt es bei uns diesen dröhnend
Strömenden Glockenklang.

So würde ich eben leben,
Bangte ich nicht – zu vergehen ...
Aber auch Ihnen steht, Schöner,
Nicht zu Gesicht mein Land.

Ach, schon in dem Bärenmantel
Sind Sie noch kaum zu erkennen,
Wären da Ihre geträumten
Lippen nicht, Don Juan!

     19. Februar 1917

Die Stirne küssen – verscheucht die Sorgen.
Ich küsse die Stirn.

Die Augen küssen – nimmt die Schlaflosigkeit.
Ich küsse die Augen.

Die Lippen küssen – stillt den Durst.
Ich küsse die Lippen.

Die Stirne küssen – löscht das Gedächtnis.
Ich küsse die Stirn.

5. Juni 1917

Nah wie die rechte und linke Hand sich
Sind unsre Seelen, du und ich;

Warm ineinander – wie Flügel bei Ruh:
Der linke, der rechte, ich und du.

Doch es springt Sturm auf – und Abgründe springen
Zwischen die Flügel, den rechten, den linken.

10. Juli 1918

Bin für deine Feder das Papier.
Alles findet Platz in meiner Weiße.
Ich bewahre, was du hast, bei mir:
Du bekommst es wieder, reichlich.

Bin für dich wie schwarze Erde, Land.
Du bist Sonnenstrahl und Regenschauer.
Du bist Herr und Herrscher, ich – ein Blatt,
Schwarzland bin ich, das uns überdauert.

10. Juli 1918

Nein, ich hab dich nicht mehr nötig,
Und nicht deshalb, weil du, Lieber,
Mir nicht schnellstens Antwort gabst.

Und nicht deshalb, weil du diese
Zeilen, die ich schrieb in Trauer,
Leider lachend lesen wirst.

(Die ich schrieb zum ersten Male,
Einsam! und nur dir allein schrieb:
Du entzauberst sie – zu zweit!)

Und nicht deshalb, weil ein Löckchen
Dir die Wange streift – vortrefflich
Les ich selber auch – zu zweit.

Und nicht deshalb, weil ihr beide
– Da ich so verworren schreibe –
Seufzend eure Köpfe neigt.

Und nicht deshalb, weil ihr plötzlich
Müde werdet – es ist schwierig:
Schließlich lest ihr ein Gedicht.

Es wiegt leichter, Freund, als Kummer,
Aber schwerer doch wohl auch:

Daß ich dich nun nicht mehr brauche,
Und nur deshalb, und nur deshalb,
Weil ich dich nun nicht mehr brauch!

       3. Dezember 1918

## *Dir – in hundert Jahren*

An dich, der sich in hundert Jahren stellt
Derselben Welt, wo ich war und verblich,
Aus Tiefen – wie vom Todesspruch gefällt,
   Verurteilt – schreibe ich:

»Freund! Such mich nicht! Die Zeit nahm eine Wende.
Die Alten nicht mal wissen, wer ich bin.
Durch Lethes Wasser reiche ich die Hände
   (Der Mund – zu fern!) dir hin.

Zwei Augen seh ich, Wachfeuer entflammte,
Die in mein Grab hinab – die Hölle – strahlen
Auf eine reglos Liegende, Verdammte,
   Die starb vor hundert Jahren.

In meiner Hand – Gedichte! Staub fast, Moder!
Und ich seh dich: windan suchst du die Erde,
Das Haus, wo ich geboren wurde – oder
   Wo ich sterben werde.

Die Frauen um dich – lebhafte Infanten
Des Glücks –, zu meinem Stolz erkennst du sie:
›Lebendig Tote! Chor der Selbsternannten!
   Lebendig ist nur sie!

Als Freiwilliger ging ich, ihr zu dienen!
Ich weiß all ihre Schatzlager im Land!

Und diese Ringe, Leichenschänderinnen,
 Rißt ihr von ihrer Hand!‹

Ach soviel Ringe, wie im Meer versenkte!
Zum erstenmal durchzittert, reut es mich,
Daß ich so viele kreuz und quer verschenkte,
 Nicht abwartete – dich!

Auch das schmerzt: daß ich heut wie landesflüchtig
Der abendlichen Sonne nachlief, ich
In Fernen lief, zu treffen sonnensüchtig
 In hundert Jahren – dich.

Ich wette darauf, Flüche wirst du schicken,
Ins Grab nach, meinen Freunden meiner Zeit:
›Ihr kamt und priest sie! Keiner – sie zu schmücken
 Mit einem rosa Kleid!‹

Erhaben über Habsucht – ich? Ach nie!
Ich bettelte vor Habsucht, du darfsts wissen –
Um Briefe, Briefe überall, um sie
 Nachts Blatt für Blatt zu küssen.

Es sagen? – Gut! Nicht sein – ist Schein. Ein Wort …
Mein heißblütigster Gast in meinem Lose,
Entsagen wirst du allen Liebsten dort
 Für eine – Körperlose.«

August 1919

Mich retten Stanzen nicht, nicht Sterne.
Das heißt, daß ich zu büßen lerne
Für jedes – jedes Mal

Da ich mich streckte über zäher Zeile
Und über meinem Stirnenscheitel
Nur Sterne suchte, kein Augental.

Daß herrscherhaft ich Sie erhob –
Daß kein Moment, du schöner Eros
Leer war ohne Sie!

Daß nachts in feierlichen Nebeln
In roter Lippen leisem Beben
Ich Reime suchte, Lippen nie.

Zu büßen, daß den strengsten Richtern
Ich – Schnee war, im Herzenstrichter
Nur ewige Apotheose!

Daß zweisam mit dem jungen Orient
Auf meiner Stirn Firmament
Ich Frührot suchte, nicht die Rose!

20. Mai 1920

## *Ein Lied*

Gestern sah er mir ins Auge noch,
Heut, ach, kann ich seinen Blick nicht fangen.
Gestern blieb er bis zum Morgen doch,
Heut schrein Raben, dort wo Lerchen sangen.

Du bist klug, ich töricht; sieh mich an:
Stein bin ich und kann dich nicht geleiten.
»Liebster, sag, was hab ich dir getan?«
O du Schrei der Frauen aller Zeiten.

Liebe: nur ein Stiefkind sind wir dir.
Ach, erwartet nicht Gericht noch Gnade.
Tränen gelten nur wie Wasser dir,
Blut und Tränen wählst du dir zum Bade;

Schiffe führen die Geliebten fort,
Ziehen fort auf ihrer weißen Bahn.
Und ein Stöhnen eilt von Ort zu Ort:
»Liebster, sag, was hab ich dir getan?«

Gestern kniete er vor mir. Im Spiel
Hat er Königsnamen mir gegeben.
Jäh tat er die Hand auf, aus ihr fiel
Eine rostge Münze nur: das Leben.

Mich, die Kindesmörderin, verklagen
Vor Gericht die, die mich mutlos sahn,

Selbst noch in der Hölle werd ich sagen:
»Liebster, sprich, was hab ich dir getan?«

Stuhl und Bett, euch will ich nochmals fragen:
»Wofür dulde, wofür leide ich?«
»Ausgeküßt. – Du wirst aufs Rad geschlagen;
Eine andre küßt er und nicht dich.«

Ach, du lehrtest mich, im Feuer leben,
Warfst mich dann auf eisger Steppe Plan.
Das, Geliebter, hast du mir gegeben.
»Liebster, sag, was hab ich dir getan?«

Nicht die Deine mehr, weiß ich zu sehen.
Widersprich mir nicht: kein Blick, kein Du.
Will die Liebe lieblos von uns gehen,
Tritt der Tod, der Gärtner, auf uns zu.

Ja, von selbst, was schüttelst du die Zweige? –
Fällt die Frucht, will ihre Zeit sich nahn.
Ach, verzeih – das Leben geht zur Neige –
Alles, Liebster, was ich dir getan.

14. Juni 1920

Geduldig, wie man Schotter bricht
Geduldig, wie vom Tod man spricht
Geduldig, wie die Botschaften wachsen
Geduldig, wie man Rache stachelt –

Erwart ich dich (die Finger umstrickt –
So wie der Monarchin der Beischläfer harrt)
Geduldig, wie ein Reim sich schickt
Geduldig, wie die Hand sich wundschabt –

Erwart ich dich (zu Boden – der Blick!
Die Lippen zerbissen. Ein Pfahl. Ein Stein).
Geduldig, wie man die Wonne flickt
Geduldig, wie man Perlen reiht.

Ein Kufenknirschen, die Antwort: Knarren
Der Tür: die Windorgel der Taiga.
Gekommen grade die höchste Depesche:
Es fällt der Zar und naht der Magnat.

Und heim:
Unirdisch zwar –
Doch mein.
                          27. März 1923

## *Hamlets Dialog mit dem Gewissen*

Sie ging hinab zum Grund,
Zu Schlick und Seegras nieder,
Zu schlafen, wo es Schlaf nicht gibt.
Und doch: ich habe sie geliebt
Wie vierzigtausend Brüder
Nicht lieben könnten!
                    – Hamlet!

Sie ging hinab zum Grund.
Hintreibt ihr Kränzlein noch
Zum Stamm, den frei das Ufer gibt.
Ich aber hab sie mehr geliebt
Als Tausende ... und weniger doch
Als ein Geliebter.

Zum Grunde ging sie, wo es Schlaf nicht gibt.
Ich aber, hab ich sie geliebt??

                                      5. Juni 1923

Zu früh – um nicht zu sein!
Zu früh – um nicht zu brennen!
Zärtlichkeit! Grausame Pein
Der jenseitigen Treffen.

Wie tief ich mich auch schmieg –
Der Himmel – ein bodenloses Faß!
Für Liebe dieses Zuschnitts
Gehts nicht ohne Wunden ab!

Eifersucht schürt das Leben!
Erdwärts zu fließen begehrt
Das Blut. Kann zurückgeben
Die Witwe ihr Recht – aufs Schwert?

Eifersucht schürt das Leben!
Gepriesen seien die Stiche
Ins Herz! Will zurücktreten
Das Gras – vom Recht auf die Sichel?

Heimliche Sucht der Halme ...
Sproß um Sproß seufzt: »Brich ...«
Bis zum fetzletzten Lappen
Verteilte meine Wunden ich!

Verblute – solange Du nicht anlegst
Die Naht mit eigner Hand –
Zu früh für die eisigen Schollen
Des jenseitigen Lands!

                    19. Juni 1923

## Der Brief

Harrt so man der Post?
So harrt man – des Briefs.
Stück lappiger Stoff
Die Borte beschmiert
Mit Leim. Drinnen – ein Gruß.
Und Glück. Und – aus.

Harrt so man des Glücks?
So harrt man des Endes:
Die Salve blitzt
Die Brust – geblendet
Vom Blei. Die Augen – ein Blutstau.
Nur das. Und – aus.

Kein Glück – bin alt!
Die Blüte – im Wind!
Des Hofs Quadrat
Und schwarz die Mündung.

(Des Briefs Quadrat:
Voll Tinte und Schalk!)
Den Tod zu ahnen
Ist keiner zu alt!

Des Briefs Quadrat.

11. August 1923

Deine Liebe war die falsche
Wahrheit, war gelogen – wahr!
Deine Liebe war mir alles,
Grenzenlos, uneinholbar!

Deine Liebe reichte weiter
Als die Zeit. – Ein Wink und aus! –
Deine Liebe reicht nicht, leider:
In fünf Worten – Wahrheit und Beweis.

                              12. Dezember 1923

Nicht ists bestimmt, daß der Starke dem Starken
Sich schon gesellt im Diesseits der Welt.
Derart verfehlten sich Siegfried und Brünhild
Als ihr Bund unterm Schwert zerspellt.

Brüderlich hassend, und verbündet
– Büffeln vergleichbar! – Massiv auf Massiv.
Dem Ehfell im Schutze des Dunkels entschlüpft
Und sie, die Unerkannte – schlief.

Geschieden! – sogar auf der Lagerstreu
Geschieden! – und schlagend sich bekriegend
Geschieden! – im Zwiesinn des Sprachgehäuses
Spät und geschieden – unsere Ehe!

Aber noch ältere Kränkungen gibt es:
Die Amazone, gefällt wie ein Löwe –
So trennten sich der Sohn der Thetis
Und Ares' Tochter: Achilles und

Penthesilea.
        Gedenk ihres Blicks –
Von unten! Eines abgeworfenen Reiters
Blick! nicht vom Olymp – aus dem Mist
Schlammblick – doch von der Höhe der Leiter!

Sagt, was bringts, daß seit dieser Stunde
Eifer ihn sucht: die Frau aus dem Sumpf!
Nicht ists bestimmt, daß der Gleiche dem Gleichen ...
. . . . . . . . . . . . . . . . . . . . . . . . . . . . . . . . . .
So verfehlen wir – uns.

3. Juli 1924

Hier, in der Welt

Hier, wo ein jeder
Zagt und erschlafft,
Weiß ich – nur einer
Gleicht mir an Kraft.

Hier, wo wir wünschen
So unbedacht,
Weiß ich – nur einer
Gleicht mir an Macht.

Hier, wo der Efeu
Wächst für und für,
Weiß ich – im Wesen
Gleicht einer mir:

Du
          3. Juli 1924

*Liebe*

Türkenschwert? Brand?
Leiser, wozu so laut?

Ein Schmerz, vertraut, wie den Augen – die Hand,
Wie den Lippen –
Der Name des eigenen Kindes.

1. Dezember 1924

# *Berggedicht*

»Liebster, Dich wundert die Rede? Alle Scheidenden
reden wie Trunkene und nehmen gerne sich festlich...«
                                                    Hölderlin

## *Zueignung*

Eine Bewegung – und weg!
Höher das Herz – zum Berg!
Mich zwingt das Leid zum Lied,
Denn wer singt, der siegt!

Stopfen das schwarze Loch?
Nie und nimmer! Noch
Zwingt mich das Leid zum Lied:
Bis der Schmerz versiegt.

### I

Jener Berg – war wie die Brust
Des gefallenen Rekruten.
Jener Berg – er begehrte Lust:
Mädchen, die zur Hochzeit luden –

Das begehrte jener Berg.
Tausendstimmiges Hurra! Kein Dämpfer
Hält das Beifallsrauschen fern.
Jener Berg – ein Jäger und ein Kämpfer.

Jener Berg – ein Donnerkeil.
Hände weg! Wer spaßt schon mit Titanen!
Jenes Berges letztes Heim
Draußen vor dem Tor – kannst du es ahnen?

Jener Berg – das war die Welt!
Sollte Gott die Welt erretten?
Stets hat uns der Berg gequält.
Jener Berg stand über unsern Stätten.

2

Kein Parnaß, kein Sinai –
Bloß ein kahler Übungshügel
– Auf ein Glied! Und: Feuer frei!
Sollten mich die Augen trügen
(Da doch Herbst ist, und nicht Mai):
Paradies? Der Berg dort drüben!

3

Dies Paradies – ein heißes Ding! –
Es fiel dir aus der Hand:
Der Berg kam nieder, warf sich hin,
Riß Gräben auf im Land.

Er hielt uns mit Titanenkraft
– Gesträubt sind Strauch und Wald –
Am Rockschoß fest, und neu gestrafft
Befahl der Berg: – Halt! halt!

Ein Paradies – nicht wie's im Buch
Steht – nein, vom Wind durchweht!
Wir gingen mit dem Berg zu Bruch,
Er riß uns mit: – He! Hingelegt!

Von allen Seiten Drang und Sturm,
Wer weiß – wozu? wofür?
Der Berg – ein Kuppler – will es so:
Das Heiligtum sei hier ...

### 4

Wie sollte ich Persephones Granatkern
Vergessen, jetzt, bei Schnee und Frost?
Ich weiß noch, wie ich mich ihm nahte,
Dem Muschelmund – und wie ich ihn genoß.

Persephone! Der Kern war dein Verderb ...
Die Lippenglut, geschürt zum Trotz,
Das Aug vom Wimpernzinnenkranz bewehrt,
Der Stern gezähnt mit reinem Gold ...

### 5

Leidenschaft ist weder Lug noch Trug –
Keine Täuschung: Dauerschmerz!
Och, wir haben davon längst genug ...
Liebe ohne Leid, das wär's!

Einfach so – gesund, vernünftig, schlicht:
Bloß ein Hügel, keine Schlucht ...
(Bergeshöhe mißt man nicht, man mißt
Jene Kraft, die stets den Abgrund sucht ...)

Tief im schmutzigbraunen Heidekraut,
Auf dem Tannennadeltenn ...
(Leben ist von Träumen überblaut.)
»Ich bin dein. Da! Nimm mich denn!«

Da! Das ach so traute Elternglück,
Da! Das Tschilpen des Gezüchts –
Denn für Liebende gibt's kein Zurück,
Himmel! – alles oder nichts.

6

Vergrämter Berg (der Gram der Berge –
Bitterer Lehm: beim Abschied geweint).
Vergrämt der Berg, vergangen die Werke
Unsrer morgendlichen Zärtlichkeit.

Unsre Freundschaft – Berges Gram:
Mund und Mund – ein fester Bund!
Berges Wort – daß jedermann
Mit Schmerz sein Los bezahlen muß.

Auch dies ist Berges Wort – das Leben:
Herzensbasar! Durchgangslager!

Berg, vergrämt: ob Kindersegen
Oder nicht – verstoßen wurde Hagar!

Und noch ein Bergeswort: das Spiel
Hat – weiß der Dämon! – keinen Sinn.
Der Berg – er sprach, wir blieben still.
Das letzte Wort gehörte ihm.

### 7

Vergrämt der Berg, weil alles zur Qual
Wird, was heute noch Blut ist und Glut.
Der Berg hält Wort – er wird sich überall
Erheben, wo du eine Andere suchst.

Vergrämt der Berg, weil alles zu Rauch
Wird, was heute groß ist wie einst Rom.
Des Berges Wort – wir sollten auch
Mit Andern gehn (ach, laß sie, komm!).

Vergrämt der Berg – der Schwur wiegt schwer,
Kein Fluch hebt ihn auf, macht uns frei.
Des Berges Wort – die Lust! Und wie sehr
Sie durch Pflichten gebunden sei ...

Der Berg – vergrämt durch unsern Gram:
Erst morgen! Nicht heute! Wir hörten zwar
»Moore«, bevor das *Memento* kam ...
*Erst morgen wird uns alles klar.*

Ein Ton ... Doch es ist, als ob ... Naja,
Als ob da jemand weinte – wer?
Vergrämt der Berg – wir stürzen ab,
Jeder für sich fällt schwer

Ins Leben – und bald wissen wir:
Das ist ein Markt – Baracken, Ware ...
Berggedichte? Sag ich dir –
Stets das gleiche Schreibverfahren.

8

Jener Berg – er war gebückt
Wie Atlas unter seinen Lasten.
Jener Berg – berückt, beglückt
Die Stadt, wo wir uns leben lassen,

Bis die Karte sticht – und Schluß!
*Nicht zu sein* ist unser Streben: Sterben!
Meiner Grotte gelte euer Gruß –
Ehrt sie wie den ungeschlachten Bären,

Wie die zwölf Apostel! (Ja –
Ich, die Grotte, lasse mich bespülen!)
Damals warst du mir sehr nah,
Als wir beide uns im Endspiel übten.

Jener Berg – er war die Welt!
Gott rächt sich an seinen Ebenbildern.

Jener Berg – vergrämt, verquält.
Jener Berg – ein Grabmal: zum Erinnern.

9

Jahre vergehn, bis der Stein, der genannte,
Durch eine Platte ersetzt wird – und weg!
Unser Berg ist jetzt kaum noch vorhanden:
Bebaut und mit Zäunen bewehrt.

Heißt es nicht, die Luft hier draußen
Sei – wie das Leben – rein und leicht?
Doch da werden nun Fetzen zu Haufen,
Planke um Planke wird nachgereicht,

Meine Pässe – bereits vermessen,
Meine Schluchten – umgestülpt!
Denn man ist auf Glück versessen:
*Glück* ins Haus und *Haus* im Glück!

Glück *im* Haus und Liebe ohne
Liebeswahn und Liebesqual!
Damit Frau zu sein sich lohne:
Halt es aus! (Das Glück war überall –

Als du kamst!) Die Liebe – lieber
Unbewaffnet, ohne Abschied, frei . . .
Trümmerfeld unserer Wonnen – drüber
Nun die Stadt, und Ehemann und -frau.

Und an derselben Luft, der linden
– Sündigen soll man, solang es geht! –
Werden die Krämer den Urlaub verbringen,
Um zu verprassen, was anderen fehlt.

Auszudenken: Böden, Gänge!
Und für alles braucht's ein Fach!
Keiner noch, dem das Leben gelänge
Ohne Nest, ohne Storch auf dem Dach.

10

Doch auch unterm Druck der Fundamente
Gibt der Berg sein Spiel nicht auf.
Die Erinnerung hat nie ein Ende:
Dieser Berg birgt Zeit zuhauf!

Erst wenn tiefe Spalten, Risse
Jäh sich auftun, wird vollends klar:
Dieser Hügel, Hort der Spießer,
Ist ein Krater – kommt in Fahrt!

Der Vesuv läßt sich durch Reben
Nicht bezähmen! Nicht mit Flachs
Fesselt man Riesen! Ein einziges Beben
Aberwitziger Lippen vermag's,

Daß der Rebhang raubtierhaft sich bäumt
Und daß der Haß wie Lava verströmt –

Bis eure Tochter, als Hure, herumstreunt
Und euer Sohn, unterm Dichteramt, stöhnt.

Sohn, bist behext von Zigeunerinnen,
Du, Tochter, hast ein natürliches Kind.
Fleisches Lust ist eins von den Dingen,
Die meinem Blut zuwider sind.

Definitiver als jeglicher Grundsatz,
Wie ein Schwur auf dem Sterbebett:
Euer Ameisenglück – es ist Unrat
Auf meinem Berg, da es Unart verrät.

Irgendwann – geheim die Stunde –
Werdet ihr alle erkennen, wie groß
Dieser Berg ist, wie groß seine Kunde,
Berg und Kunde des Siebten Gebots.


*Nachrede*

Es gibt Lücken im Gedächtnis,
Sieben Schleier, Augenstar ...
Ob du – kaum erinnert – echt bist?
Weißer Abgrund, wo dein Antlitz war.

Kennzeichen: keine. Bist nichts als Weiße.
(Seele voller Wunden – nur wund,
Weiter nichts.) Die Teile mit Kreide
Markiert – mal schneidet man grad, mal rund.

Firmament – als ein Ganzes gegeben.
Der Ozean – aus Tropfen ein Meer?
Kennzeichen: keine. Du bist eben
Einzig. Die Liebe – ein Band, kein Wehr.

Schwarz oder falb – was soll die Farbe?
Hauptsache ist, er hat ein Gesicht.
Leidenschaft – nichts als Stückwerk und Narben?
Uhrmacher sein? Oder Arzt? Ich weiß nicht.

Wie ein Kreis bist du – ganz Fülle.
Wirbelwind und Pflock, erstarrt.
Du und Liebe – eins! Die größten Gefühle –
Gleichheitszeichen für stark und zart.

(Haufenweise Flaum von Träumen
– Wasserfälle, Schaum und Gischt –
Neu für's Ohr, nicht zu versäumen:
*Wir* ... statt bloß: ich bin, du bist.)

Doch im ärmlich-engen Alltagsleben,
Dort, »wo das Leben ist, wie es ist«,
Wird es für dich keine Andere geben.
Rache? Daß du niemals mich vergißt!

Prag/Smíchov, Januar 1924

# *Endgedicht*

### I

Mitten im rostigen Himmel
Steckt er tief –
Was für ein Pfosten: ein Finger.
Schicksal, schief.

– Viertel vor ... Immer pünktlich?
– Ja. Der Tod
Wartet nicht, grüßt verbindlich –
Hut vom Kopf.

Wimper für Wimper – erregend.
Mund – ein Riß:
Gruß – übertriebene Werbung,
Ärgernis.

– Viertel vor ... Wirklich? Stimmt es? –
Nicht der Fall!
Ob es das Herz ist? Was Schlimmes?
Hirn: Signal!

Himmel voll schlimmer Zeichen:
Rost und Blech.
Warten am Ort, dem gleichen,
Bis um sechs.

Kuß mit versteinerten Lippen
Und – kein Ton.
Tote – Regentinnen – lieben
– ohne Lohn.

Biedermann hastet vorüber,
Rücksichtslos.
Heult die Sirene – schon übt er
Hieb und Stoß.

Wie eine Hündin heult sie,
Tobt und droht.
(Alles Lebendige bäumt sich
Auf vorm Tod.)

Was gestern dastand – plötzlich:
Sternenwärts.
(Übertrieben – das reckt sich,
Und es wächst.)

In Gedanken: du Lieber.
– Sieben Uhr?
– Gehn wir ins Kino – mal wieder? ...
– Heim! – So stur.

2

Fahrendes Volk – so weit
Sind wir nun. Daß man
Uns – voller Groll – im Streit
Mord androhen kann.

Worte als Greueltat –
Unser täglich Brot.
Hauseinsturz findet statt:
Haus heißt – Wort.

Ein Kleinkind irrt schreiend umher:
– Ich will heim!
Der Liebling verlangt nach mehr:
»Gib« und »mein«!

Mein flatterndes Bruderherz,
Mein Blut, meine Glut.
Ein Volk auf der Flucht – du erklärst:
»Nach Haus!« – Na gut.

Zerrt das Pferd am Zügelzeug –
Aufgebäumt! Leine futsch.
– Aber kein Haus! Wovor gescheut?
– Da – zehn Schritte nur – und husch:

Haus auf dem Berg. – Dort oben? Ach ... –
Ja. Ganz zuoberst – das Haus.
Licht im Fenster knapp unterm Dach.
– *»Dämmerschein reicht nicht aus ...*

*Helle – zu schwach ...«* Also wiederum
Leben? – Ganz schlicht – ein Gedicht!
Haus – das heißt: raus! Jede Witterung –
Gleich! In die Nacht ...
                    (Wen ficht

Es an – mein Leid? Meine Not,
Unheimlich grün – wie Eis ...)
– Sie sind vom eigenen Kopf bedroht:
Denken lohnt nicht ... – Ich weiß.

3

Und nun – zum Ufer. Wie ein Brett
Trägt mich das Wasser. Gärten
Der Semiramis, die wie ein Bett
Am Himmel hängen: Märchen!

Das Wasser – schwarzer toter Stahl,
Ich halte mich daran wie
Die Sängerin ans Notenblatt
Sich hält, und wie der Blinde an die

Wand ... Was? Du bietest dafür nichts?
Wenn ich mich bücke – spürst du's?
Denn wie Mondsüchtige den First –
So umarm ich die Fürstin

Des Dursts ... die Furcht kommt nicht vom Fluß,
Ich bin – eine Najade!
Der Fluß trägt mich – welch ein Genuß,
Zu lieben statt zu klagen –

Er ist mir treu ...
     Treu – also tot.
Ja. Nein – nicht für die andern.

Tod links, Tod rechts, doch immerfort
Bist du's. Wie tot – die Flanke.

Ein dichtes Bündel grellen Lichts.
Gelächter scheppert: Schellen!
– Wir sollten mal zusammen ...
                        (Sticht's?)
– Wird uns der Mut nicht fehlen?

4

Da – eine Nebelwoge, weiß
Gekraust, aus Gaze: schwingender Volant –
Verraucht, von Atem schwer und heiß
Von Worten – saugt er sie wohl an?
Wonach der Volant riecht? Nach Hast,
Nach kleinen Lastern, Konnivenz:
Geheimniskrämerei, Verrat –
Nach Puderschminke stinkt er längst.

Und Junggesellen, ehemüd,
Beringt noch immer, früh schon alt ...
Verhöhnt, verlacht – ein übles Lied:
Lobhudelei und Spott, geballt!
Bald gelten sie als groß, als klein,
Bald sind sie Düse, bald Essenz.
... Vertragsabschlüsse, Krämerei –
Nach Puderschminke riecht's schon längst.

(In Seitenansicht: unser Haus –
Ist's *das*? – Die Hausfrau bin nicht ich!)
Der beutet flott ein Scheckbuch aus,
Ein andrer beugt sich vor: »... nur ... dich ...«
– und küßt die Hand, ein dritter ist,
Ach, einem Lackschuh zugetan.
... Bloß Ehekrämerei, bloß List.
Und Puderschminke. Tanz – voran!

Im Fenster – silberhell, gezackt –
Hängt blitzend der Malteserstern!
Gekost, geliebt und herrlich nackt,
Gepiesackt, wenn auch noch so fern –
Zermalmt ... (Das Mahl von gestern stinkt:
Laß stehn!) ... Geschäftsintrigen, Kram
Und Zank, wo Dividende winkt.
Und Puderschminke. Tanz – voran!

Das Halsband sei, sagst du, zu kurz?
Dafür ist es aus Platin, nicht
Aus Stahl! Die Kälber kaufen flugs
– mit dreifach schwabbelndem Gesicht! –
Ihr Steak. Den Zuckerkragen krönt
Ein Primuskocher – Teufelszeug!

... Geschäftszusammenbruch – man stöhnt.
Und statt der Puderschminke gönnt
Man sich Schießpulver – Berthold Schwarz,
Der Menschenfreund, war ein Genie ...

– Wir sollten endlich mal ... – nicht wahr?
– Ja. Reden – das braucht Mut. Und wie!

5

Bewegt sich sein Mund? Ach was –
Ich weiß doch, er wird's nicht sagen.
– Sie lieben mich nicht? – Doch, ja ...
– Sie lieben nicht mich! – Nur Klagen:

Entsagung und Qual. (Der Blick
Des Adlers durchmißt die Gegend:)
– Das Haus – ist es *dies*? Das Glück?
– Da – tief in mir drin ... – Erhebend!

Nein – Liebe ist Fleisch und Blut.
Vergossene Lebensröte.
Für Sie ist die Liebe gut
Als Tischgespräch – bloß Gerede!

Ein Stündchen und – Schluß? Leb wohl?
Wie all jene Herren? Damen?
Die Liebe – das heißt wohl ... – Dom?
– Kind, Sie ersetzen Schrammen

Durch Schrammen! – In Gegenwart
Von Schlemmern? (Und ich – zur Seite:
»Die Liebe – ein Bogen, stark
Gespannt: überspannt: vereitelt.«)

– Die Liebe – das ist ein Band.
Doch wir sind – von allem – geschieden.
(Nicht daß dein Blick mich bannt!
In diesem Moment intimen

Begehrens vorm Höhepunkt
Der Liebe – am Berg. *Memento* –
Wie Rauch: denn Liebe heißt – Prunk
Für nichts, ins Feuer – zuende!)

Der Mund ist ein Muschelspalt.
Sehr blaß. Ohne Spott. Sagt alles.
– Gemeinsames Bett jedenfalls!
– Gemeinsamer Abgrund? – Pralles

Getrommel von Hand. – Oh, nein
– ich will keinen Berg versetzen.
Denn Liebe heißt eines ...
                        – ... mein!
Ich weiß. Und die Konsequenzen?

Das Fingergetrommel – toll
Und toller. (Schafott und Richtplatz.)
– Wir gehn auseinander. – Soll
Der Tod uns doch holen! Mich hat's

Enttäuscht: alles Ausverkauf,
Bloß Reime, Hotels, Geleise ...
– Die Liebe – mein Lebenslauf.
– Ganz anders die Alten – weise:

Die Liebe – ein Fisch, ein Tuch,
Umklammert von feuchten Fäusten.
– Schon Zeit? – Ist die Reise gebucht?
Mit Gift oder Blei mich trösten?

Ein Tod ohne Drum und Dran!
– Das Leben! – Antiker Krieger –
Im Adlerblick glimmt schon der Gram.
– Adieu und – verzeih! – nie wieder.

6

– Das hab ich doch nicht gewollt.
Das nicht. (Aber du mußt wissen:
Die Lust wird dem Leib gezollt,
Doch wir sind nur Seelen – fließen

(Wie Wind . . .) – Nichts gesagt. Gilt nicht.
(Ja, kurz vor der Abfahrt gebt ihr
Den Frauen – für Glücksverzicht –
den traurigen Ehrenbecher.)

Mag sein, es ist bloß ein Wahn?
Ein Mißverständnis? (Sie dienen
Uns blutrote Blumen an,
Zur Trennung – mit Unschuldsmiene.)

Ich hab's, Wort für Wort, gehört –
Sie sagten: »Adieu – nie wieder –
Verzeih . . .« Leicht gesagt – beim Flirt
Fällt ebenso leicht das Mieder,

Das Kopftuch ...) – Doch in der Schlacht
– der Cäsar sind Sie. (Wie schändlich:
Dem Feind wird das Schwert vermacht,
Das einstmals in seinen Händen

War!) – Er redet weiter. (Laut –
Es dröhnt ...) – Gar nicht schlecht: Du hast dir
– noch vor mir! – echt zugetraut,
Den Bruch zu vollziehn ... – Verhaßter!

Das ist Ihre Art, nicht wahr?
Lovelace weiß sich stets zu rächen.
Die Geste – das Beste klar:
Für Sie! Doch Sie sind mein Schlächter ...

Zum Lachen. Im Lachen – Tod.
Die Geste. (Und kein Begehren.
Begehren – das tun *die dort*,
Doch wir sind ab jetzt Chimären,

– bloß Schatten ...) Ein Nagel noch,
Nein – Sarg ist aus Blei: braucht Schrauben.
– Versprechen Sie mir nun hoch
Und heilig ... – Ja, was? – ... zu schweigen

Von allem, was war – kein Wort
Von unserer Liebe! (Frühling –
Versehrte geheilt und – fort!)
– Wie sollte ich's anders fühlen!

– Zum Andenken ein Geschenk?
– O nein! – Sein Blick geweitet,
Fast blind. (Wie ein Siegel senk
Ich mich in dein Herz, ich gleite

Dir über den Finger – Ring ...
Doch lassen wir das!) Die Frage,
Viel leiser: Ein Buch? – Nein! Schlimm
Genug, daß Sie schreiben ... Arge

Bücherplage ...

Also – es geht nicht.
Also – es lohnt nicht.
Klagen – das hilft nicht.

Unter uns Fischern,
Wandernden Brüdern,
Tanzt man – man klagt nicht.

Trinkt statt zu klagen,
Heißblut laßt wallen,
Zahlen – nicht klagen.

Perlen im Trinkglas
– laßt sie gerinnen.
Herrscht – statt zu klagen.

– Soll *ich* mich zurückziehn? Ja? –
Durchdringender Blick. Als erster

Geht Harlekin ab – sieh da,
Er wirft einen Knochen: Geste

Des Abschieds und Schlußbukett –
Sein Lohn für die Treue. Vorhang.
Verbeugung für Pierrette.
Nein, lieber mit Blei sich morden

Und – ausgelitten ...
Ich beiß die Lippen,
Werde nicht klagen.

Alles was Wucht heißt –
Tief in das Fruchtfleisch!
Aber nicht klagen.

Bruder und Wandrer –
Stirbst ohne Klage,
Wirst ohne Klage

– singend – zu Asche,
Rascher bestattet,
Bruder und Wandrer.

– Als erste? Den ersten Zug?
Das heißt – wie beim Schachspiel? Leider
Die Regel – als erste lud
Man aufs Schafott uns Weiber ...

– Nein, blickt euch nicht um! – Ihr blickt. –
(Wie sie sich verströmen – alle!
Und bitte, wer treibt sie zurück
Ins Auge?!) – Ja, ich befahl es:

Keinen Blick!!!

Laut und vernehmlich,
Augen im Lot:
– Lieber, ach gehn wir,
Sonst klag ich's Gott!

Ja, richtig! Inmitten all der
Lebendigen Kassen (feist –
Ihr Krämer!) ein Nacken: strahlt er –
Das Blondhaar von Roggen, Mais!

Vom Sinai – die Gebote –
Mänadenpelz fegt sie fort!
Die Haarpracht Golkondas lohte
(Für alle!) – ein Lustort: Hort

Des Reichtums. Natur – ein Speicher,
Sie spart nicht umsonst, sorgt vor!
Auf welchem Pfad führt die Reise
Zurück durch den blonden Flor,

Ihr Jäger? Die schiere Nacktheit
– Verblendung und Tränenreiz –
Wie funkelndes Gold – Kaskaden
Von Wollust, von Heiterkeit.

– Nicht wahr? – Und wie süchtig, züchtig
Der Blick. Jede Wimper juckt.
– Vor allem: ein wüstes Dickicht!
Die Geste – gedreht, gezuckt.

Die Kleider herunterreißen –
Als spöttische Geste: welch
Ein billiger Hohn! (Verheißen
Ist dir – ach! – das Heil: hast recht.)

Im Schwester-, im Bruderbündnis?
Verbündet sein: Bund genug!
– Begraben? Nein ... Lach nur! Krümm dich!
(Begraben? Ja ... Schön und gut!)

7

Erneut – das Ufer, letzter Weg. Und Schluß.
Wir trennen uns, wir meiden uns,
Die Hand rutscht aus der Hand. Kein Nachbargruß.
Ein Klagelied – es kommt vom Fluß.

Quecksilber rollt, ich leck es arglos auf
– schmeckt salzig: vor den Tränen hält
Das Firmament die Riesenfrau,
Den Salomonschen Mond, versteckt.

Ein Pfosten. Sollte man sich nicht den Kopf
Wundklopfen? Klopfen, bis er birst!
Wir Mordkumpane schleichen um den Ort
Der Tat. (Das Opfer? Liebe ist's!)

Ach, was! Das ist kein Liebespaar –
Die sind getrennt und gehen fremd!
– Verstehn Sie! *Dort* erst wird die Zukunft wahr!
Schroff wende ich mich um.
                    – Mit wem

Denn gleich ins Bett? – Wie Frischvermählte, so ...
– Ja, schlafen! – Doch kein Schritt, kein Tritt,
Der stimmt. Ach, gehn wir Arm in Arm – bin froh,
Daß keine Kerkerkette klirrt! ...

Sirrt Strom – mir durch die Hand. (Auf meiner Hand
Liegt – seine *Seele*! – Hand in Hand
Verzahnt.) Ein Stromstoß, Drähte straff gespannt:
Auf meiner Seele – seine Hand!

Gebannt. Und alles – Glanz! Was kommt dem Glanz
Von Tränen gleich? Der Vorhang – Flor
Des Regens: daß ein Kai so enden kann
– Ich wußt' es nicht. – Die Brücke, dort:

–Was nun?
          (Abfahrtsbereit.)
De-rr Blick fliegt hoch.
Zu dir nach Haus – zu zweit?
Nu-rr einmal noch!

8

Die Br-Brücke. Schluß.
(Kein Händedruck, nein, nicht mein Wille!)
Die Brücke. Schluß –
Kein Steg mehr. Nur noch Stille,

Nur Hi-Himmel und Flut.
Das Kleingeld dem Tode verehren –
In Ch-Charons Hut
Die Lethe, den Strom überqueren.

Mit Mü-Münzen – schwarz,
In schattiger Hand – als Schatten:
Kein Klang, kein Glanz.
In schattiger Hand bestattet –

Das Sch-Schattengeld.
Kein Klirren, kein Glitzern.
Der Schattenwelt –
Das Geld. Statt Mohngewittern.

Brücke.

Die Sch-Schicksalslast
Der Liebe, die keine Hoffnung
Kennt: Leidenschaft.
Du: Brücke – ein Zwischen: offen.

Ich bin schon da,
Um unter der Rippe zu nisten.
Kein *Bis*, kein *Nach* –
Nur dieses kurze Blitzen!

Nicht Hand, nicht Fuß:
Von all meinen Körperteilen –
Lebt – bebend – bloß
Die Flanke: sie grenzt an deine.

Die Flanke lebt!
Sie ist ganz Gehör, ganz Echo.
Ei! Weiß mit Gelb
Verknetet – ich bin ein echter

– ja: ein Samojed,
Ans Fell geschmiegt, siamesisch
– fast wie vernäht.
Ich bin dir sehr nah – versteh mich:

Selbst jene Frau –
Mama! – d-die d-dich trug in stillem
Triumph, war kaum
Viel näher bei dir. So will ich's:

Versteh doch! Wir –
Im Leben vereint! Als Wiege
– die Brust! Von hier –
Kein Sprung in die Tiefe: gib mir

Die Hand – ich will
Sie halten, mich an dich drücken ...
Bist Brücke, Viel-
Geliebter – *hinüber*! – Brücke

Für uns! Den Fluß
Mit zweierlei Leibern füttern!
Mich Ze-Zecke muß –
Wer's kann! – einfach a-abschütteln!

Nicht Mensch, nicht Gott –
Mich Zecke, mich Klette reiße
Man aus – und f-fort
Mit mir in die Abfallschneise

Der eitlen Ding-
Welt, die ich, als Ding, mißachte.
Ein Traum? Ich bin
Nicht sicher – ist's Nacht, wird sachte

Der Na-Nachtexpreß
Nach Rom, nach Granada starten?
Das Bett – ein Rest
Von Schnee, von Montblanc. Mal warten.

Die Bl-Blöße – tief:
Ich halte sie warm mit letztem
Bl-Blut. Hörst du sie –
Die Flanke? Sie ist verläßlich,

Ist – kein Ge-Gedicht!
Schön aufgewärmt? Wem gehörst du
Nun morgen? Spr-sprich!
Die Brücke ist endlos, hörst du –

Kein En-de ...
        – Schluß.

– Hier? – Kindlich, göttlich der
Wink. – Ja? – Fanal.
– So tu dein Mö-Möglichstes:
Zum letztenmal!

9

In den Werkhallen schallen die Stimmen –
Pralles Echo, das lange hallt ...
Frauen-, Witwengeheimnisse glimmen
Unter zuckenden Zungen, halt!

Das Geheimnis der Eva – dir sag ich's,
Sie verbarg es vorm Apfelbaum:
Ein Stück Vieh bin ich bloß, und sonst gar nichts,
Sieh die Wunde – sie klafft im Bauch.

Glut und Blut ... Meine Seele, sie hängt mir
Wie geschundene Haut vom Leib!
Und durchs Loch zieht sie ab – Häresie, irr,
Unser Los, genannt »Seelenheil«.

Diese christliche Blässe – schwächlich!
Stopft das Loch, stellt den Dampf ab – rasch!
Was heißt Seele – das ist ein Märchen!
Bloß den Leib gibt's – er lebte falsch,

Will nicht mehr leben.

Verzeih mir! Das war ein Aufschrei
Des Schoßes – ganz ungewollt!
Verurteilte warten auf die
Erschießung beim Morgenrot

– gebeugt übers Schachbrett ... Hohn den
Gefängnisspionen! Wir
Sind Läufer – wird er uns schonen,
Der mit uns sein Spiel treibt? Wer

Nur ist er? Ein Gauner oder
Ein Gott? Er ist ganz Spion –
Ganz Auge. – Gerassel. Pforte
Geht auf. Und nun sind wir schon

Beim üblichen letzten Knaster
– ein Lungenzug, Spucke weg:
Wir haben gelebt und – basta!
... Vom Rand unsres Spielbretts geht's

Direkt in die blutige Grube.
Geheime Lukarne: Mond ...
– – – – – – – – – – – – – – – – – –

Und wenn ich verstohlen luge:
– Wie weit bist du weg, verschont!

## 10

Zusammengezuckt – die Qual
Total: Unsre Bar! Der Saal,

Die Insel – der Ort,
Hort, wo wir immerfort

Uns trafen – ein loses Paar!
Die Bar – unser Tempel war's!

Basar – und voller Oxydul,
Ein Frühling, traumhaft ... Aber der
Kaffee war damals wirklich null
– 'ne Brühe aus Spreu, nicht mehr!

(Doch Haferspreu, nicht wahr, dämpft
Den wildesten Hengst!)
Arkadisch, und nicht etwa
Arabisch roch da

Der Kaffee ...

Sie wies uns den Platz an – Frau,
Ergraut, man vertraut
Ihr. Alternde Liebe: schaut –
Sie lächelte: auf!

Bevor es zu spät ist – geht,
Genießt euer Glück!
Und lebt ihr auch ohne Geld –
Der Wahnsinn genügt.

Gegähnt vor Begehren – ach!
Der Jugend ein Hoch!
Nur zu – ohne Runzeln gelacht!
Und Spott ohne Arg – ja! doch!

Der Jugend ein Hoch! Ein Lob
Der Leidenschaft – dort!
Woher sie nur weht – o Gott,
Und wie sie sofort

Die schummrige Bar belebt:
– Tunis! Ein Fez . . . –
O Muskeln, o Hoffnung – stets
Versteckt unterm Mess-

Gewand . . . (Du! Ich klage nicht:
Die Narben – ich trag
Sie!) Wirtin mit Haube, pflicht-
Bewußt. Und sie gab

Uns das Geleit . . .

Ganz – verwirrt, Gedächtnis – kurz, begriffen –
Nichts, gleichsam von einem Fest entführt ...
– Unsre Straße! Da! – Wir werden sie missen ...
– Unser Weg! Wie oft ... – ... hat uns gehört.

– Morgen geht die Sonne auf – im Westen!
– David fällt von Jahwe ab!
– Was also bleibt uns zu tun? – Wir werden
Uns trennen. – Trennung? Doch sag,

Was soll dieses Wort? So ein Unsinn:
Uns trennen ... – Von hundert – eins?
Bloß ein Wort mit zwei Silben – Unding,
Dahinter steht nichts, kein Reim.

Aber halt! Vielleicht hält die Tschechei uns zum Narren
Sei's auf serbisch, kroatisch – wie heißt's?
Was heißt »Trennung«, »sich trennen«? ... Wohl besser,
                                                wir sparen
Uns dieses Wort – die reine Unsäglichkeit!

Reiner Mißklang – er dröhnt in den Ohren,
Durchfährt mich als stechender Schmerz ...
Denn »Trennung«, »sich trennen« – Worte, verloren:
Unrussisch! Unweiblich! Unmännlich! Kein Scherz –

Auch Gott weiß davon nichts! Sind wir
Bloß Lämmer, die gähnen am Trog?
Also »Trennung« – ein Fremdwort? Schlimmer!
Ein Wort ohne Sinn, ein Wort

Ohne Laut! Nur einfach ein Kreischen –
Eine Säge, die den Schlaf zerteilt.
»Sich trennen«, »Trennung« – bei Chlebnikow schreien
So die Nachtigallen, Leid

Der Schwäne ...
                Und was war die Folge?
Die Luft – eine trockene Sickergruft!
Hand berührt Hand – gespürt! Sollte
Denn »Trennung« ein Donnerschlag sein? Und ruft

Man ihn auf sich herab? ... Kajüte,
In die das Meer einbricht!
Ozeaniens Kap! Viel zu steil die Straßenzüge:
Nein, da trennt man sich nicht,

Man trennt sich am Fuße des Bergs ... Zwei Sohlen,
Arg ächzend ... Dann – Nagel auf Hand!
Argument widerlegt: »sich trennen wollen«
Bedeutet – du wirst weit weg verbannt,

Doch wir sind – einsgeworden ...

11

Alles aufs Mal verspielt –
Reiner Tisch!
Vorstadt und Stadt – es gilt:
Schluß und – Strich.

Schluß mit der Wollust (nein:
Stein), Zeit und Heim – laß sein!

Datscha – ach, gähnende Leere! Ich
Mag sie gern – mütterlich, alt.
Leerzustehn ist eine Handlung, nicht
Leere steht leer – Leere hallt.

(Datscha, meist unbewohnt,
Also – wozu verschont?)

Bloß nicht gezittert, falls
Wunde klafft.
Vorstadt und Stadt – geballt,
Naht geplatzt.

Denn was ist Liebe, wenn nicht
Das, was aus Nähten bricht –

Kleid! Kein Verband und kein Schild. – Wozu
Bräuchtest du Schutz! – Der Leichnam
Ist mit der Erde vernäht wie du
Mit meinem Leib. So. Zweisam.

(Ob wir mit einfachem, dreifachem
Faden vernäht sind? Abwarten!)

So oder anders, mein Freund, zertrennt
Ist, was uns band – in Fetzen!
Immerhin riß unsre Naht von selbst –
Riß, statt sich bloß zu zersetzen!

Unter dem Stoff pochte blutrot der
Quell, und – kein Moder!

Wer nicht verspielen will, der suche
Den Bruch!
Stadt oder Land – die Stirne furchen:
Wir sind durch!

Richtplatz im Vorort, Urteil vollstreckt.
Also geschieden, Köpfe gereckt!

Wer nicht verspielen will, der gehe
Fort vor dem Morgenrot.
Nächtens geschneidert für dich – ein Leben:
Nahtloses Kleid. – Nein, kein Wort!

Schweig! Bin geknickt, bin gebückt – vergrämt.
Vorstadt: die Nähte gesprengt.

Seelen ganz unaufgeräumt –
Narben! . . .
Stadt – vom Land gesäumt . . .
Scharfer

Protest der Vorstadt. Das Schicksal
Trägt Stiefel – Schritte im Schlamm.
. . . Da – meine hastige Hand: sieh mal
An, Freund, und prüf auch das Garn –

Reißfest – es hält dir stand!
Le-Letzte Laterne – halt.


Hier? Fast beschwörend – ein Blick!
Betört: ich muß
Mit dir nochmals zurück
Zum Berg – und Schluß!

### 12

Regenmähne klatscht
Ins Gesicht. – Hügel.
Hinter uns die Stadt.
Wir sind schon drüben.

Angekommen! Nun?
Stief- ist nicht Mama!
Doch wohin? Was tun?
Hier sind wir am Arsch.

Feld, Hag – wie gehabt.
Bruder, Schwester – wir.
Leben – eine Stadt.
Bauen – nur nicht hier!

Wir haben ausgespielt,
Damen, Herren – Schluß!
Vorstadt? Ist kein Ziel!
Großstadt? Mein Genuß!

Regen peitscht. Und schwemmt.
Aufrecht – wir – verkeilt.
Monate getrennt.
Erstmals – jetzt – zu zweit.

Hat von Hiob Gott
Irgendwas geborgt?
Nichts. Bleibt bloß der Spott:
Wir sind draußen – fort!

Draußen! Verstehst du? Im Abseits – dort!
Die Stadt, die uns mied!
Leben – zum Sterben der beste Ort:
Ju-Judengebiet ...

Also weshalb nicht gleich zugestehn:
Ich – Ewiger Jud!
Leben: Pogrom! Das heißt – untergehn
Im Ju-Judenblut ...

Nur dank Verrat findet Leben statt!
Für Judasse bloß!
Zu den Leprösen ins Reservat!
Ins Höllenloch – los!

Schluß mit dem Leben – es ist Verrat
Am Opfer, am Lamm!
Aufenthaltsrecht? Wer es hat: Renegat!
I-ich stampf's in den Schlamm –

Nichts als ein Fetzen Papier! Gerächt
Der Davidschild – so!
Jubel – der Jude ist Lebensveräch-
ter, und er ist – froh!

Ghetto, und – auserwählt! Wall und Gruft.
Errr-barmen gibt's nicht!
Dichtern ist in dieser Christenluft
Das Judesein – Pflicht!

13

So – am Stein die Messer schleifen.
So – die Späne fortgewischt
Mit dem Besen! Und zu greifen
Mit den Händen: Pelz – wie Gischt.

Zwillingsding aus
Kraft und Dürre: Mann!
Regen? Tränen!
Strom durch Finger rann!

Von Verführung keine Rede!
Wasser – drauf Besitz gebaut!
Durch die Finger strömt die Kette
Der Brillanten – Aug um Aug:

Enden deine
Blicke – kein Verlust!
Streicheln, streicheln –
Das Gesicht, die Brust.

Dies, Marina, unser Hochmut!
Stolz der Polenkinder, nicht?
Wenn der Strom der Tränen trocknet,
Der aus Adleraugen bricht ...

Weinst du, Lieber?
Meine Sache! Laß!
Hände, über-
schwer von Tränen, naß!

Männertränen: zentnerschwere
Wucht – die fährt auf uns herab!
Was noch nachzuholen wäre –
Scham, die du verloren hast.

Fische – wir – von *einem*
Meer umschlungen! Und:
... Muscheln, die versteinern,
Sterbend Mund an Mund.


Geweint.
Meldenkraut –
Geschmack.
– Wer weiß,
Wann ich auf-
wach? Ach ...

## 14

Auf Schafspfad hinunter
Zur rasenden Stadt.
Drei Mädchen, die munter
Uns grüßen – ein Patt

Den Tränen, – ein Lachen:
Wie Mittag, wie Meer!
Dagegen dein schwaches,
Dein falsches Geplärr.

Die Tränen des Mannes
– Gewittereffekt! –
Wie Perlen: die Schande
Des Kriegsmonuments.

Die Tränen – die ersten,
Die letzten – verström
Sie! Tränen – die Perlen,
Womit du mich krönst!

Mein Blick ist nicht stumpf – er
Durchdringt das Gewitter. Seid, Venuspuppen,
Ganz Auge! Der Blick

Eint mehr als das Liebesverlangen, die Lust.
Das höchste der Lieder
Gibt uns den Genuß:

Das Wort. Was für Vögel!
Und Salomon – kniet!
Wozu also träumen?
Das Leid – unser Lied!


Verschlungen von dunkler
Flut – aufrecht und schief –
Kein Laut – keine Funken –
Gesunkenes Schiff.

   Prag/Jíloviště, 1. Februar/8. Juni 1924

## Versuch, eifersüchtig zu sein

Wie geht's mit der Andern weiter,
Leichter? – Nur ein Ruderschlag! –
Und als Insel einsam gleitend
Schwinde ich am gleichen Tag

Ins Vergessen – fern die Küste
(Schwimmen – immer – himmelwärts!).
Seelen, seid, zu zweit, Geschwister,
Nicht Hetären Herz an Herz!

Wie geht's mit der Neuen, *Schlichten*,
Der die Gottesgabe fehlt?
Nach dem Thronverlust – vernichtet
Ist die Herrin, abgewählt.

Und im Alltag – geht's jetzt besser?
Mit dem Aufstehn? Zank und Gram?
Welches ist der Preis, Sie Ärmster,
Für den ewig gleichen Kram?

»Schluß mit Krämpfen und Querelen!
Ich, zur Miete, will ein Haus!«
Wie geht's meinem Auserwählten
Mit der braven Dutzendfrau?

Ob denn auch das Essen mundet?
Wie auch immer, Zorn lohnt nicht …

Wie vergehn mit jenem Bild die Stunden
Dem, der mit dem Sinai bricht?

Wie geht's mit der Fremden weiter?
Deren Rippe – schmeckt sie fein?
Zeus mit seinem Zaumzeug – peitscht er
Ihrer Stirn die Scham nicht ein?

Also wie geht's weiter – heiter? –
Singen Sie? – fühlt man sich gut?
Was ist, Ärmster, mit dem Eiter
Des Gewissens, das nie ruht?

Und was ist mit all dem Plunder,
Den der Markt bringt? Zins zu hoch?
Marmor aus Carrara – Wunder!
Und wie lebt's sich jetzt? Nur noch

Gips und Mulm! (Aus *einem* Brocken –
Gott! Doch nun ist er kaputt!)
Da Sie einstmals Lilith mochten –
Ist die x-te Kebse gut genug?

Macht Sie, was die Märkte bieten
– Neuheit! – satt? Fern die Magie –
Wie ist's, eine Irdische zu lieben,
Die den sechsten Sinn noch *nie*

Besaß?
      Auf den Kopf zu: sind Sie

Glücklich? Nein? Wie lebt es sich
Dort, tiefoben, mit der Mindern?
Schwer? Wie mit dem Andern – ich?

    19. November 1924

## *Neujahrsbrief*

Glückwunsch! Neu das Jahr – das Licht – die Heimat!
Erster Brief – an Dich, der jetzt ein Heim hat
– Dach und Fach. Der Ort, sagt man, sei fruchtbar
(Fruchtbar – furchtbar) – nein, er ist nur Durchfahrt –
Wie Äols leerer Turm – laut hallend.
Erster Brief – an Dich – aus meinem alten
Mutterland, wo ich seit gestern, ohne
Dich, vergehe – Stern, den ich bewohne,
Unter Sternen ... Ein Gesetz gebietet:
Die Geliebte – jede – wird beliebig.
Einzigartig? – Niemals dagewesen!
Wie ich's erfuhr? Willst Du es wissen?
Weder Sturz noch Rutsch noch Flut – kein Beben.
Plötzlich trat er ein – ein Mann zum Lieben:
Der Beliebige. (Geliebter: – Du!) – Das Schlimmste. –
Und wenn Sie dazu etwas schrieben?
Ich? – Wo? – Im Gebirge. (Fenster, Tannen
– Laken, Bett.) – Sie lesen Zeitung? Wann denn
Also Ihr Artikel? – Nein. – Doch ... Warten
Sie mal ... (Christus werd' ich nicht verraten.)
– Ja, im Kurhaus. (Paradies – gemietet.)
– Wann? – Vorgestern, gestern – weiß nicht. – Sieht man
Sich im Alcazar? – Nein! (Es verbergen?)
– Kinder! (Alles – bloß kein Judas werden.)

Glückwunsch! (Wurdest morgen erst geboren!)
Weißt Du, was ich tat, als mir zu Ohren

Kam, daß . . . ? Tss . . . tss . . . Ja, ich versprach mich grad
                                                      ein bißchen.
Tod und Leben – zwischen Gänsefüßchen,
So als wären's leere Reden, Hülsen.
Nein ich habe nichts getan, es tat sich
Ganz von selbst – kein Schatten, und es hallt nicht.
Reine Tat!
        Und Du – wie war die Reise?
Sag, wie brach dein Herz – war's bloß ein Reißen?
Wie im Trab auf edlen Vollblutpferden,
Die noch schneller sind als Adler: edler,
*Sagst Du* – hat's den Atem Dir verschlagen?
Berg und Tal – egal, die Russen-Adler tragen
Den, der's wagt, hoch über alle Schranken.
Jene Welt – für uns, die Blutsverwandten:
Jene Welt – Du warst in Rußland – reifte
Hier. Von da nach dort – ein sanftes Gleiten! . . .
Tod und Leben, lächelnd ausgesprochen –
Ich. Du lächelst auch . . . fühlst dich betroffen!
Leben, Tod – markiert mit einem Sternchen:
Anmerkung von mir (die Nacht – mein Schwärmen:
Statt der Kuppel des Gehirns – gestirnte
Hemisphäre!)
            Denk dran – wenn bestimmte
Lettern aus dem Russischen entschwirrten,
Um sich flugs im Deutschen einzunisten –
So gewiß nicht deshalb, weil wir wissen,
Daß der Tote (Bettler) alles fressen
Wird, und keine Wimper . . . ! – sondern deshalb,

Weil – gelernt mit dreizehn: nie vergessen –
*Jene Welt* nicht *-los* ist: sprach*besessen*.

Also frage ich nicht ohne Trauer:
Fragst Du nicht mehr, wie's auf russisch lautet –
»*Nest*«? Nur *einen* Reim gibt es für »gnjosda«
(Nester), nämlich diesen – (Sterne:) »swjosdy«.

Bin ich abgeschweift? O nein! Unmöglich,
Von Dir abzuschweifen, und – nicht nötig.
Jeder – der beliebigste – Gedanke,
Jede Silbe hat nur ein Verlangen –

Einzugehn in Dich, *Du Lieber*, gleichviel,
Was die Worte meinen (Deutsch ist reicher
Als das Russische – mir näher, näher
Noch: die Engelszungen!) – wo Du *nicht* bist:
Grab. Gewesen – nie und nimmer. Richtig …
– Richtest Du kein Wort an mich, nicht eines? –
Wie's Dir geht? Deine Umgebung? Rainer!
Unbedingtes, ständiges Begehren –
Erste Vision – das All (zu merken –
Teil davon: der Dichter), und die letzte –
Der Planet, für Dich allein – zur Gänze!
Nicht: der Dichter und sein Staub, und keine
Scheidung zwischen Geist und Leib (für beide –
Leid), nur Du und Du, nur was man selber
Ist. Von Zeus zu stammen, macht nicht besser –
Castor – Du auf Du – mit Deinem Bruder,
Marmor, Gras – auf Du und Du – ein Wunder,

Weder Trennung noch Zusammentreffen,
Vielmehr beides – Ankunft, Abschied: Kräfte-
Messen – Aug in Auge, immer wieder
Ist's das erste Mal
                Dein Blick fällt – nieder –
Auf die Hand (die eigne: mit den Tinten-
Spuren), fällt aus Meilenhöhe in die
Tiefe – Du, hoch überm kristallinen
Mittelmeer und ähnlichen Terrinen –
Anfangslose Höhe ohne Ende.
So war's nicht bei mir, doch wird es, denke
Ich, so sein in meinem Vorstadtwinkel.
So war's nicht, doch ist es ein Beginnen –
Was soll dem, der Briefe schreibt, bedeuten:
Eine Woche, Zeit! – wohin *noch* äugen,
Ellenbogen auf der Logenkante,
Wenn nicht von hier unten nach dem Rang dort
Oben und von dort, schmerzwärts, nach unten?
Bellevue ist mein Ort. Ein Nest, gewunden
Aus Geäst. Blickwechsel mit dem Fremden-
Führer: Bellevue. Kerker – zu erkennen
In der Ferne ist: Paris, Palast der
Gallischen Chimäre, hartes Pflaster ...
Ellenbogen auf dem Samt, dem roten,
Du wirst lachen (wer?), und ich, am Boden,
*Muß* es: denke ich an Deine Höhe,
Werden Bellevue, Belvedere – Flöhe!
Laß mich passen. Nebensache. Dringend
Nur: Neujahr ist nah. Worauf ich trinken
Werde, und mit wem? Und was? Statt Schaumwein

Einen Wattebausch. Schlag zwölf – und kaum ein
Daseinsgrund für mich. Neujahrsgetöse.
Nichts, was mich vom innern Reim erlöste:
Rainer – keiner. Du, Aug, bist erloschen,
Leben lebt nicht, »tot« heißt nie – *gestorben*,
Heißt bloß – Dunkelheit: ich will's begreifen,
Dort, bei Dir! – Nicht Tod, nicht Leben – einfach
Etwas Drittes, Neues. Darauf (Altjahr
Ist vorbei, schon ausgelegt mit Matten
Frischen Strohs das Jahr Siebenundzwanzig
– Welch ein Glück, mit Dir zu enden: Anfang!)
Will ich mit Dir trinken am sehr großen
Tisch und leise, Glas an Glas, anstoßen!
Aber nicht mit deren Wirtshausgläsern,
Sondern: Ich auf Du mit Dir – dem bessern
Reim zuliebe: jenem Dritten.
                          Schiele
Ich zu Deinem Kreuz – und all die vielen
Orte: Vorort, Ort vor Ort! Und wem – wenn
Nicht uns beiden – winkt der Busch und wenden
Sich die Bäume zu? Die unsern – keinem

Sonst! Uns – Deine Orte (Dir die Deinen).
(Du und ich bei einem Massentreffen –
Wär's denn möglich?) Orte, angemessen
Uns allein! Monate! Wochen! Menschenleere!
Regen! Vorstadt! Morgen – unser! Herrlich –
Von den Vögeln noch nicht wachgesungen!

Habe ziemlich schlechte Sicht – bin unten,
Sicher siehst Du besser – Du bist oben:
Nichts war zwischen uns, nichts gibt's zu loben.
Rein gar nichts, und so entspricht's uns beiden –
Also können wir getrost vermeiden,
Aufzuzählen, was uns widerfuhr. Nichts,
Außer ... – aber Außerordentliches
Sollst Du nicht erwarten (unrecht haben
Die, die aus der Reihe tanzen), aber
Wie – in welche – Reihe treten?
        Altes
Lied: nichts, wenn es auch, so oder anders,
Etwas ist – und sei's von fern – der Schatten
Etwa eines Schattens! Nichts – wir hatten
Keinen Tag, kein Haus – selbst Todgeweihten
Wird ein Mund geschenkt – Gedächtnisspeicher!
Haben wir zu früh klein beigegeben?
Nur das *Jenseits* blieb uns für dies Leben,
Und so waren wir bloß Abglanz von uns
Selbst. Kein Hier – das *Jenseits:* unser Bonus!

Glückwunsch – wohnst Du doch am unbebauten
Rand der Welt! Dein Ort – die Helle, Rainer!
Außenposten der Beweisbarkeiten!
Neues Auge, neues Ohr – Glück! Rainer!

Alles – Freund, Begehren –
War für Dich Verdruß.
Echo: Lust zu hören!
Hören: Echolust!

Auf der Schulbank: Fragen – stets die gleichen.
Wie die Berge, wie die Flüsse heißen ...
Kein Tourist – ist so die Landschaft schöner?
Nicht wahr Rainer – Paradies: ein dröhnen-
des Gebirg! Für Witwen viel zu hoch, und
Überm *einen* Paradies gibt's noch ein
Andres – ja? Terrassen! Denk ich an die Tatra,
Kann das Paradies nur ein Theater
Sein. (Vorhang ist – vor wem? – gefallen ...)
Nicht wahr, Rainer – Gott *wächst* hoch als Affen-
Brotbaum! Nicht als goldner Sonnenkönig –
Ist Gott einzig? Hältst Du es für möglich:
Noch ein Gott – darüber?

      Schreibst Du weiter –
Dort? Du *bist – ist* Vers: bist selber beides
– Vers und Du! Wie schreibt es sich am hohen
Ort? Kein Tisch für Deinen Arm. Die hohle
Hand – und keine Stirn.

      Für mich – Kassiber!
Neue Reime, Rainer, magst Du lieber?
Reim – das heißt nichts anderes als – wenn nicht
Neue Reime – Tod!

      Die Sprache: Kenn ich!
Neu der Wohlklang, die Bedeutung – anders.

– Nun, auf Wiedersehn! Ob wir einander
Treffen, weiß ich nicht, jedoch zusammen
Singen – ja! Mit der mir fremden Erde,
Rainer, mit dem Meer – ich: werde!

Nur kein Abschied – schreib's gleich nieder: keiner!
Aufs Papier die neuen Klänge, Rainer!

Mit den *Gaben* auf der Himmelsleiter ...
Neue Handauflegung, Rainer – weiter!

Ich – wenn's flutet – trage ihn auf Händen –
Rhône, Raron – weiter, als die Trennung
Reicht, der Schmerz der letzten Augenblicke –
Bis zu Rainer – und Maria – Rilke.

                                      Bellevue, 7. Februar 1927

»Ich gehe für Minuten fort...«
Die Arbeit auf dem Tisch (das Wort
Der Faulen hieße Chaos) blieb
Wirr aufgehäuft. Wohin's dich trieb,

Frag ich Paris, such deine Spur.
Denn in den alten Märchen nur
Schwingt man zum Himmel sich empor!
Wer weiß, wohin ich dich verlor?

Im Schrank, zwei Kirchentüren breit,
Stehn alle Bücher aufgereiht.
Nicht eine Zeile fehlt darin.
Doch du, doch du: Wohin, wohin?

Dein Gesicht und dein Wort,
Deine Schultern sind fort.
Wie schutzlos ich bin!
Wohin nur, wohin?

3. Januar 1935

## *Gedichte an eine Waise*

> Auf dem Wege ging die Waise,
> Blaugefroren, zitterte.
> Auf dem Wege ging die Greisin,
> Hatte Mitleid mit dem Kind ...

1

Der Eisgipfel Bischofshut
Ist dem sterblichen Antlitz nur Rahmen.
Dem Efeugranit einer Burg
Zog ich heute den Scheitel gerade.

Den Kiefernheerzug ohne Hast
Allerwege ich heut überholte.
Wie ein Kind am Kinn gefaßt,
So hielt ich heut eine Tulpe.

16.-17. August 1936

2

Ich umarme dich wie der Gesichtskreis
Des Gebirgs, einer Krone Gefels.
(Erzähle, daß von den Geschichten
Leichter atmest du, fester schläfst.)

Umfaß dich, einer Burgherrnburg Flanken,
Pelzarmiger Efeu, wie, ach,
Den Stein, sieh, umschlingen die Ranken,
Hundertvierhändig Efeu und Bach.

Doch nicht Efeu bin ich und Geißblatt!
Gar, verwandter mir als die Hand,
Kein Gefangener – du, den ich freilaß
Unbegrenzt in mein Geisterland.

... Wie des Blumenrunds, Brunnenschachts Kreisen,
Wo der Stein liegen wird – ergraut,
Wie die Ringkaution aller Waisen,
Wie die Einsamkeit mich behaust!

(So schmiegte sich nicht nur eine
Silbersträhne ins hellbraune Haar!)
... Wie ein Fluß, der in zwei sich teilte,
Um die Insel zu schaffen – umarmt.

Wie ganz Piemont und Savoyen,
Wie – bis mir das Rückgrat bald bricht –
Der Horizont dich umringt und die Bläue,
Mit den Armen umfange ich dich.

21.-24. August 1936

3
(DIE HÖHLE)

Könnte ich – ich holte
In den Bauch einer Höhle,
In die Grotte des Drachen,
In des Panthers Tobel.

In die Pantherpfoten
– Könnte ich – holt' ich.
In den Schoß – der Natur, der Natur – anvertraut.

Könnte ich – selbst die eigene Pantherhaut
Nähm ich mir ...
    – *Gäb* sie dem Schlupfloch – zum Muster:
In das buschene, zinnkrautene, bachene, efeulaubene –
        Duster, –

Hin, wo im Schläfrigen, Wirren und Warmen
Sich zu ewigen Ehen die Zweige umarmen ...

Hin, wo im Stein und im Bast und im milchenen Flüstern
Sich die Hände auf endlose Zeiten verschwistern –
Gleich Zweigen – und Flüssen ...

In die Höhle und lichtlos, die Höhle – gesichtslos.
Im Laube, im Efeu, von Efeu – ein Mantel ...

Keine lichte Welt und kein Schwarzbrotkanten:
Im Taue, im Laube, wie im Laub – der Verwandten ...

Daß ans Tor nicht – man poch,
Nicht ins Fenster schrei noch,
Daß es nicht mehr sich wende
Und den Lebtag nicht ende!

Doch zu wenig – die Höhle,
Zu schwach – Schlucht und Strauch!
Könnte ich – ich holte
In die Höhle – des Bauchs.

Könnte ich,
Holt' ich.

                                 Savoyen, 27. August 1936

4

Auf dem Eise –
Meine Waise,
Auf der Eisscholle, Mine –
Der Geliebte,
In Vermintem, Guyana, Gehenna – Geliebter!

Unter Grind – und begehrt,
Aus dem Grab – und begehrt:
Sei mein Gast – Gebiß und Gebein nur – mein!

Mit der Kniekehlen-Trauer
Bis zur Abgrundnacht-Lauer
Von der letzten Wehe des Bauchs du bedauert.

Noch so elend die Grube und der Abgrund tief –
Versehrt du, begehrt du, zu hegen, geliebt.

5.-6. September 1936

– Es ist Zeit! für *dieses* Feuer –
Ich bin alt!
    – Älter als ich – die Liebe!
– Fünfzig Januare übersteigt
sie, diesen Berg!
    – Älter – die Liebe:
Alt wie der Schachtelhalm, die Schlange,
Älter als Livlands Bernstein,
Als Geisterschiffe älter,
Steine – als die Meere ...
Doch in der Brust das Weh
ist älter als die Liebe, älter noch als sie.

                      23. Januar 1940

Bist fort: ich schneide
Das Brot mir nicht mehr.
Alles ist Kreide,
Was ich berühr.

... Warst, duftend heiß,
Mein Brot. Warst mein Schnee.
Und der Schnee ist nicht weiß,
Und das Brot tut weh.

    23. Januar 1940

## *Anmerkungen*

*Mich freut, daß Sie toll sind* · Das Gedicht ist an Mawrikij Alexandrowitsch Minz (1886-1917), den späteren Ehemann von Anastassija Zwetajewa, Z.s Schwester, gerichtet.

*Durch frevelnde Folianten* · Ars Amandi: Anspielung auf das Lehrgedicht Ars Amatoria (Liebeskunst) des römischen Dichters Ovid.

*Nimm, wundersamer Freund* · Das Gedicht aus dem neunteiligen Zyklus »Gedichte über Moskau« ist dem Schriftstellerkollegen Ossip Mandelstam (1891-1938) gewidmet, mit dem Z. in dieser Zeit eng befreundet war. Vgl. den Erinnerungsessay »Die Geschichte einer Widmung« (1931).

*Vorbei an Türmen* · Drittes Gedicht aus dem Zyklus »Gedichte über Moskau«.

Die Iberische: Die Kapelle der wundertätigen »iberischen« Gottesmutter (russ. Iwerskaja) am Ausgang zum Roten Platz.

*O Muse der Klage* · Das erste Gedicht aus einem mehrteiligen Zyklus, den Z. ihrer Dichterkollegin Anna Achmatowa (1889-1966) widmete. Zu einer persönlichen Begegnung mit der bewunderten Achmatowa kam es erst kurz vor Z.s Tod, im Juni 1941 in Moskau.

*Nein, ich hab dich nicht mehr nötig* · Teil des aus fünfundzwanzig Gedichten bestehenden Zyklus »Der Komödiant«, der dem Schauspieler und Regisseur Jurij Alexandrowitsch Sawadskij (1894-1977) gewidmet ist.

*Geduldig, wie man Schotter bricht* · Aus dem Zyklus »Leitungsdrähte«, der Boris Pasternak (1890-1960) gewidmet ist. Mit Pasternak verband Z. seit 1922 eine leidenschaftliche Brieffreundschaft, in die 1926 auch Rilke einbezogen wurde. Doch alle in der Emigrationszeit geplanten Treffen kamen nicht zustande.

*Der Brief* · Das Gedicht bezieht sich auf Z.s epistolarische Liebesgeschichte mit dem Kritiker Alexander Bachrach (1902-1986), die wegen einseitiger Projektionen und Erwartungen zur herben Enttäuschung wurde.

*Nicht ists bestimmt* und *Hier, in der Welt* · Aus dem Zyklus »Zwei«, gerichtet an Boris Pasternak.

*Berggedicht, Endgedicht* · In den beiden Poemen verarbeitete Z. ihre stürmische Affäre mit Konstantin Boleslawowitsch Rodsewitsch (1905-1987), die sich im Herbst und Winter 1923/1924 in Prag abspielte. Während ihre Ehe mit Sergej Efron fast in die Brüche ging, schuf Z. eines ihrer stärksten und radikalsten literarischen Werke, das zu den Höhepunkten europäischer Liebeslyrik zählt.

*Berggedicht* · Berg: gemeint ist der Prager Petřin-Hügel, wo Z. – im Bezirk Smíchov – 1923/24 gelebt hat.

*Endgedicht* · Wen ficht es an, mein Leid: Anspielung auf Psalm 88, 1-4.

Berthold Schwarz: Franziskanermönch, Erfinder des Schießpulvers.

Lovelace: Gestalt aus dem Roman »Clarissa« (1747) von Samuel Richardson; Verführer und Verräter.

Die Haarpracht Golkondas: Golkonda, eine Stadt im alten Indien, war bekannt für ihre königlichen Grüfte voller Reichtümer und Juwelen.

Bei Chlebnikow schreien: Hinweis auf den russischen Dichter Wiktor (Welimir) Chlebnikow (1885-1922), in dessen Werk zahlreiche ornithologische Motive zu finden sind.

*Versuch, eifersüchtig zu sein* · Ursprünglich dem Literaturkritiker und Schriftsteller Mark Lwowitsch Slonim (1894-1976) gewidmet, der damals Redakteur der Prager Emigrantenzeitschrift »Wolja Rossii« (Rußlands Freiheit) war. Als möglicher Adressat galt aber auch Konstantin Rodsewitsch (s. o.).

*Neujahrsbrief* · Z.s poetischer Nachruf auf R. M. Rilke, mit dem sie 1926 bis zu dessen Tod (am 29. Dezember) intensiv korrespondierte, knüpft an den dialogischen Ton des Briefwechsels sowie an dessen Leitmotiv, den Wunsch nach einer Begegnung, an.

Kurhaus: Rilke starb im Sanatorium von Val-Mont (Kanton Waadt, Schweiz).

Alcazar: Speiserestaurant bzw. Café dansant in Paris.

Wie im Trab auf edlen Vollblutpferden: Bezieht sich auf Rilkes Gedicht »Nächtliche Fahrt (Sankt Petersburg)« (1908).

Fragst Du nicht mehr, wie »auf russisch lautet – / Nest?«: In seinem Brief vom 19. August 1926 hatte Rilke sich bei Z. erkundigt, wie »Nest« auf russisch heißt.

*Raron:* Neben der Kirche von Raron (Kanton Wallis, Schweiz) befindet sich Rilkes Grab.

*»Ich gehe für Minuten«* · Das Gedicht – Teil des Zyklus »Grabmal« – entstand nach dem Unfalltod des in Paris lebenden Dichters Nikolaj Pawlowitsch Gronskij (1909-1934), mit dem Z. von 1928 bis 1930 eine emphatische Brieffreundschaft pflegte.

*Gedichte an eine Waise (1-4)* · Der (insgesamt sechsteilige) Zyklus ist Anatolij Steiger (1907-1944) gewidmet, mit dem Z. 1936 einen passionierten Briefwechsel führte. Der tuberkulosekranke junge Dichter weckte in Z. nicht nur mütterliche Gefühle, die später allerdings enttäuscht wurden.

*Es ist Zeit!* · Das Gedicht ist dem Literaturwissenschaftler Jewgenij Borissowitsch Tager (1906-1984) gewidmet, den Z. nach ihrer Remigration, Ende 1939, im Schriftstellerheim Golizyno bei Moskau kennenlernte.

*Bist fort* · Vermutlich an Jewgenij Tager gerichtet, wobei Z. auch an ihren – 1939 verhafteten – Ehemann Sergej Efron gedacht haben dürfte.

# Nachwort

> Erwiderte Liebe ist für mich eine Sackgasse. Nicht Seufzer suche ich, sondern Auswege.
>
> M. Z.

Liebe, Leidenschaft, Leben, Literatur – für Marina Zwetajewa hingen sie aufs widersprüchlichste und radikalste zusammen. Ohne Kompromisse strebte die Russin eine Intensität an, die ihrem romantischen Absolutheitsanspruch genügen sollte. Das mündete in große Dichtung, während die sogenannte Lebenswirklichkeit hinter den Idealen nicht nur zurückblieb, sondern sich als zunehmend feindlich erwies. Zwetajewas Selbstmord am 31. August 1941 in Jelabuga beendete den Versuch, zusammenzuführen, was sich nicht zusammenzwingen ließ. Das poetische Rebellentum kapitulierte vor Krieg, Armut, Einsamkeit und Stalins Schergen.

Aufrührerischer Eigensinn charakterisiert Zwetajewa von Anfang an. 1892 als Tochter einer Pianistin und eines Kunsthistorikers in Moskau geboren, weigert sie sich schon früh, in die Fußstapfen ihrer Mutter zu treten, und wählt statt der Musik die Poesie. Zu ihren Lieblingsdichtern gehören Goethe, Novalis, Hölderlin, Heine, Hauff. Noch als Gymnasiastin bringt sie 1910 – vier Jahre nach dem Tuberkulosetod der Mutter – ihren ersten Gedichtband, »Abendalbum«, heraus, worauf sie von Maximilian Woloschin in seine Künstlerkolonie auf der Krim eingeladen wird. Hier lernt sie Sergej Efron kennen, den sie

1912 heiratet und dem sie trotz zahlreicher Liebschaften und widriger Lebensumstände bis zuletzt die Treue halten sollte. Im selben Herbst kommt die gemeinsame Tochter Ariadna zur Welt. Familie und Kunst: Sind sie vereinbar? Zwetajewas Vitalität läßt keinen Zweifel aufkommen, doch der Konflikt ist vorprogrammiert. In rascher Folge entstehen Gedichte, Bekanntschaften, unter anderem mit der Lyrikerin Sofija Parnok, in die sich Zwetajewa heftig verliebt. Die Affäre findet ebenso einen poetischen Niederschlag wie die anschließende intensive Freundschaft mit Ossip Mandelstam, dem Marina ihr Moskau »zum Geschenk macht«, und wie die platonische Verehrung von Alexander Blok und der Dichterkollegin Anna Achmatowa.

Die Geburt der zweiten Tochter, Irina, fällt ins Revolutionsjahr 1917, bald darauf verschwindet Sergej Efron, der auf seiten der Freiwilligenarmee gegen die Bolschewiken kämpft, in den Bürgerkriegswirren. Fünf Jahre weiß Zwetajewa nichts über sein Schicksal, führt ein spartanisches, unstetes Leben im Chaos der Hauptstadt. Zuflucht vor Hunger und Alleinsein findet sie in Schauspielerkreisen; ihre »androgyne« Liebe gilt insbesondere Jurij Sawadskij und Sonja Holliday. Daneben schreibt sie Tagebuchprosa, Briefe, Versdramen und Gedichte von expressiver Kraft und bewundernswerter Unbeugsamkeit.

Im Februar 1920 stirbt Irina an Unterernährung. Rund zwei Jahre später folgt Zwetajewa ihrem Mann, der als Weißgardist über Konstantinopel nach Prag geflüchtet war, in die Emigration. Von 1922 bis 1926 lebt sie in Prag und Umgebung, von 1926 bis 1939 in verschiedenen Pariser Vororten, immer am Rand des Existenzminimums und zunehmend isoliert. Lebenswichtig werden ihr in dieser Zeit Brieffreundschaften, die sie häufig mit Dichtern (Boris Pasternak, Rainer Maria Rilke, Nikolaj Gronskij, Anatolij Steiger) und Literaturkritikern (Alexander Bachrach, Jurij Ivask) unterhält. Gerade die Abwesenheit der Partner schafft jenen Sehnsuchtshorizont, den Zwetajewa mit ihrer Imagination – und ihren Projektionen – füllt. Ihren Gefühlen läßt sie dabei freien Lauf, mit einer Heftigkeit und Deutlichkeit, die das Gegenüber meist überfordert. So enden die passionierten »Briefromane« zwangsläufig in Enttäuschung, Mißverständnis und Protest, überleben aber literarisch.

Völlig außerhalb solcher phantasmatischer Beziehungen steht Zwetajewas stürmische Affäre mit einem Prager Studienfreund ihres Mannes, Konstantin Rodsewitsch. Sie dauert von September 1923 bis Februar 1924 und stößt Zwetajewa tief in die Sphäre der Realerotik. »Sie haben in mir ein Wunder vollbracht«, schreibt sie in einem Brief an den Geliebten, »zum ersten Mal spürte ich die Einheit zwischen Himmel und Erde. (...) Der andere war mir immer ein Hindernis, eine Wand, die ich einrennen wollte, ich konnte nicht umgehen mit lebendigen Menschen. Daher das Bewußtsein: nicht Frau – Geist! Nicht leben – sterben.« Der *amour fou* erdet, versöhnt mit dem Körper, entkoppelt Eros und Thanatos. Und findet seinen überwältigenden Ausdruck im poemlangen »Berggedicht«. Künstlerisch noch übertroffen wird dieses durch das im Zeichen der Trennung stehende »Endgedicht«, das in seiner explosiven Elliptik zum Stärksten in Zwetajewas Werk gehört. Das »Endgedicht« artikuliert Begehren und Haß, Trauer und Wut, Liebes- und Todessehnsucht, um mit den Worten zu schließen: »Wozu also träumen? / Das Leid – unser Lied! // Verschlungen von dunkler / Flut – aufrecht und schief – / Kein Laut – keine Funken – / Gesunkenes Schiff.«

Nach diesem grandiosen Fiasko findet Zwetajewa zu Efron zurück. Im Februar 1925 bringt sie einen Sohn, Georgij, zur Welt, dem sie fortan eine geradezu maßlose Mutterliebe angedeihen läßt. Wenig später zieht die Familie nach Paris. Noch in Prag aber dürfte (unter anderem) Rodsewitschs Liaison mit der Tochter des Religionsphilosophen Sergej Bulgakow Zwetajewa zum provokativen Gedicht »Versuch, eifersüchtig zu sein« inspiriert haben, einem Mini-Drama, das trotz heftiger Worthiebe keinen Sieger kennt. Der Eifersuchtsversuch scheitert bzw. mündet in einen Zustand des wütend-traurigen Quitt-Seins, der eine Liebeserklärung kaschiert.

Als Zwetajewa 1926 durch die Vermittlung von Boris Pasternak mit Rainer Maria Rilke in Briefkontakt kommt, entflammt sie aus sicherer Distanz, doch nicht ohne ihre »Liebesmechanik« bloßzulegen. In ihrem deutsch geschriebenen Brief vom 2. August 1926 heißt es: »Ich habe den Körper immer in die Seele übersetzt (*ent*körpert!), die ›physische‹ Liebe – um sie lieben zu können – so verherrlicht, daß plötzlich nichts von ihr blieb. Mich in sie vertiefend, *sie* ausgehöhlt, in sie eindringend, *sie* verdrängt. Nichts blieb von ihr, als ich selbst: Seele (...). Liebe haßt den Dichter. Sie will nicht verherrlicht werden (›selbst herrlich genug!‹), sie glaubt sich ja als ein Absolut, einziges Absolut. Sie traut uns nicht. In ihrem tiefsten weiß sie, daß sie nicht herrlich ist (darum so herrisch!), sie weiß, daß alle Herrlichkeit – Seele ist, und wo Seele anfängt, endet der Leib.« Im selben Brief träumt Zwetajewa freilich davon, den Kopf in Rilkes linke Schulter »einzugraben«, Rilkes »Herz zu küssen«, und drängt auf eine Begegnung. Rilke, schon schwer krank, antwortet mit sachter Zurückhaltung (»... daß wir wie zwei Schichten, zwei Lagen, dichtzart, zwei Hälften eines Nest's wären...«). Zu einem Treffen der beiden Dichter kommt es nicht. Um so intensiver trägt Zwetajewa ihre Liebe nach, als sie von Rilkes Tod erfährt. Ihr Gedicht-Nekrolog »Neujahrsbrief« suggeriert fast heitere Nähe, ohne besitzergreifend zu sein. Im Reich der Literatur steht der Mythos dem Menschen, der Körper der Seele nicht mehr im Wege.

In der Pariser Zeit, die von Armut und wachsender Isolation geprägt ist, bleibt Zwetajewas »Sehnsucht nach dem Chaos der Hände und Lippen« unerfüllt, die Liebe auf epistolarische Romane beschränkt. Glück ist damit kaum verbunden. Als der junge Dichter Nikolaj Gronskij mit fünfundzwanzig an einem Unfall stirbt, schreibt Zwetajewa den berührenden Zyklus »Grabmal«; dem tuberkulosekranken (homosexuellen) Anatolij Steiger, den sie in ihren Briefen mit mütterlicher Leidenschaft umwirbt, widmet sie die »Gedichte an eine Waise«. Doch was sie mit verschwenderischem Ungestüm gibt, kommt nicht an. Und die Entfremdung – von der Umgebung, der Zeit – wird immer größer.

1937 muß Efron Frankreich fluchtartig verlassen, nachdem er als Leiter des (vom sowjetischen Geheimdienst finanzierten) »Verbandes der Heimkehrer in die UdSSR« in ein politisches Attentat verwickelt worden war. Die Tochter Ariadna ist zuvor freiwillig in die Sowjetunion zurückgekehrt. Was tun? Zwetajewa ringt um eine Entscheidung, die keine sein kann, weil alle Optionen verhängnisvoll sind. Im Juni 1939, nach der von ihr schwer beklagten Besetzung der Tschechoslowakei durch die Hitler-Truppen, schifft sie sich mit dem Sohn nach Leningrad ein. Doch kaum ist die Familie in der Nähe von Moskau vereint, wird Ariadna verhaftet, dann Sergej Efron. Zwetajewa findet kein Auskommen, keine Bleibe, hangelt sich von Provisorium zu Provisorium, in ständiger Angst. Ihre Lebens- und Schaffenskräfte drohen zu versiegen, wovon die Briefe erschütterndes Zeugnis ablegen. An Wera Merkurjewa schreibt sie am 31. August 1940: »Mit dem Wechsel der Orte verliere ich allmählich das Gefühl für die Wirklichkeit: *Ich* werde immer weniger und weniger, wie jene Herde, die an jedem Zaun ein Büschel Wolle ließ ... Bleibt nur mein grundsätzliches Nein.«

Zwetajewa weigert sich, bemitleidet zu werden; für Freundschaft ist sie dankbar. Einige ihrer letzten Gedichte sind an den Literatur- und Kunstwissenschaftler Boris Tager gerichtet, elegische Botschaften von luzidem Schmerz. Noch einmal geht es um Liebe, aber im Wissen, daß es für jenes »Feuer« zu spät ist. Alt ist die Liebe, alt, »doch in der Brust das Weh / ist älter als die Liebe, älter noch als sie«. Das klingt wie ein fernes Echo auf Zwetajewas Briefbekenntnisse an Alexander Bachrach vom

August 1923: »Das Schmerzhafte in der Liebe ist persönlich, das Erquickende gehört allen. (...) Der Schmerz ist das *Du* in der Liebe, unser persönliches Signum.« Und: »Bei mir ist alles – Brand! Ich kann gleichzeitig zehn Beziehungen (entsetzlich: ›Beziehungen‹!!) unterhalten und dabei jedem aus tiefster Seele versichern, er sei der einzige. Aber die geringste Drehung des Kopfes von mir weg – ertrage ich nicht. Das SCHMERZT (...) Unter der Haut ist nur zuckendes Fleisch oder Feuer: ich: Psyche. Ich passe in keine Form, nicht einmal in die weiträumigste meiner Gedichte! Ich kann nicht leben.«

Es gibt einen Unmöglichkeitstopos in Zwetajewas Lieben und Leben, und es gibt die Literatur, die ihn ständig unterläuft. Denn in der Dichtung gelingt ihr, was sich sonst standhaft verweigert, zum Scheitern verurteilt ist. Und gelingt wohl nur um den Preis dieses Versagens. Zwetajewa hat darin weniger eine Tragik gesehen als eine Art Gesetzmäßigkeit, die freilich auf Dauer kräftezehrend war. Aber solange die Verse sich schrieben, schonte sie sich nicht, nach dem Motto: »vom Leid zum Lied«.

Ihre Liebeslyrik ist ebenso facetten- und kontrastreich wie ihr androgynes Wesen: herrisch, zärtlich, aufmüpfig, fordernd, verletzlich, emphatisch, scharfsinnig, dramatisch, exaltiert, aber nie sentimental. Und dies unabhängig davon, ob sie sich an Mann oder Frau, an einen nahen oder fernen Geliebten, an einen bekannten oder unbekannten Adressaten richtet. Nur Harmonie wird man vermissen, dazu ist Zwetajewas Naturell viel zu kämpferisch, ihre Sprache – trotz großer Musikalität – zu expressiv und widerborstig. Manches in ihren Gedichten tut weh, nicht zuletzt die Paradoxa und die schneidenden männlichen Reime. Und jene Direktheit, die weder das Ich noch den Andern schont. Diese Direktheit bedeutet Lebendigkeit, Nacktheit, Verzicht auf schönende Konvention. Am radikalsten hat Zwetajewa sie in ihrem »Berg-« und »Endgedicht« verwirklicht, die zu den packendsten Zeugnissen europäischer Liebeslyrik des 20. Jahrhunderts gehören.

Die Poeme sind Beichte, Anrufung, Drama, Klage, Zwiegespräch, hochtemperiert (worauf schon die exzessive Satzzeichengebung hinweist) und voller mythologisch-biblischer Vergleiche, die jedoch als Geschmacksverstärker bzw. Kontrastfolie, nicht als ästhetischer Zierat fungieren. So heißt es über den Prager Petřin-Berg, den Schauplatz der Liebe, ironisch: »Kein Parnaß, kein Sinai – / Bloß ein kahler Übungshügel.« Und: »Ein Paradies – nicht wie's im Buch / Steht – nein, vom Wind durchweht! / Wir gingen mit dem Berg zu Bruch, / Er riß uns mit: – He! Hingelegt!« Das Aufgebot an Anspielungen steht im Dienste intimster (Selbst-)Entlarvung, so wie das Staccato der Sprache alles zur Weißglut bringt.

Zu Zwetajewas genuiner Dramatik gehört es, »sogar das Eis brennen« zu lassen und Masken herunterzureißen. Die vielen imaginierten Rollen (Eva, Lilith, Phädra, Ophelia, Magdalena) sowie die zahlreichen Identifikationsfiguren ihres Lebens (von Casanova und Napoleon bis Sarah Bernhardt, Maria Baschkirzewa und Rainer Maria Rilke) dienen ihr letztlich nur dazu, sich abzustoßen, zu ihrem eigensten Kern vorzustoßen. Auch ihre rückhaltlose Liebeshingabe, so fordernd-vereinnahmend sie sich im einzelnen auch gebärdet, zielt über das konkrete Gegenüber hinaus. Dazu hat sich Zwetajewa in Briefen, Essays, vor allem aber in ihren Tagebuchaufzeichnungen und – was die lesbische Liebe betrifft – in ihrem 1932 auf französisch verfaßten Text »Mon frère féminin. Lettre à l'Amazone« vielfältig geäußert. Nirgends aber formuliert sie ihr persönliches Verhältnis zum Phänomen Liebe so treffend wie in einer Tagebuchnotiz aus dem Jahre 1918: »Ich bin keine Heroin der Liebe, ich verliere mich niemals an den Geliebten, immer – an die Liebe.« Für das Leben taugt solch romantischer Eros wenig, für die Literatur um so mehr. Zwetajewa ist unbestritten eine der großen Liebeslyrikerinnen der Moderne.

*Ilma Rakusa*

Die Brief- und Tagebuchzitate sind folgenden Bänden entnommen:
  Marina Zwetajewa: Im Feuer geschrieben. Ein Leben in Briefen. Herausgegeben und aus dem Russischen übersetzt von Ilma Rakusa. Suhrkamp Verlag Frankfurt am Main 1992
  Marina Zwetajewa: Auf eigenen Wegen. Tagebuchprosa Moskau 1917-1920, Paris 1934. Übersetzung und Nachwort von Marie-Luise Bott. Suhrkamp Verlag Frankfurt am Main 1987

## *Quellenverzeichnis*

Mich freut, daß Sie toll sind (Ü.: Richard Pietrass); Durch frevelnde Folianten (Ü.: Richard Pietrass); Nimm, wundersamer Freund (Ü.: Ilse Tschörtner); Vorbei an Türmen (Ü.: Ilse Tschörtner); Bei mir in Moskau (Ü.: Waldemar Dege); Don Juan (Ü.: Ilse Tschörtner); Nah wie die rechte und linke Hand (Ü.: Ilse Tschörtner); Nein, ich hab dich nicht mehr nötig (Ü.: Waldemar Dege); Dir – in hundert Jahren (Ü.: Ilse Tschörtner); Mich retten Stanzen nicht (Ü.: Richard Pietrass); Ein Lied (Ü.: Uwe Grüning); Geduldig, wie man Schotter bricht (Ü.: Richard Pietrass); Hamlets Dialog mit dem Gewissen (Ü.: Uwe Gründing); Zu früh – um nicht zu sein (Ü.: Richard Pietrass); Der Brief (Ü.: Richard Pietrass); Nicht ists bestimmt (Ü.: Richard Pietrass); Hier, in der Welt (Ü.: Uwe Grüning); »Ich gehe für Minuten fort...« (Ü.: Waldemar Dege); Bist fort (Ü.: Waldemar Dege)

Aus: Marina Zwetajewa, Ausgewählte Werke. Band 1: Lyrik. Aus dem Russischen von Richard Pietrass, Ilse Tschörtner, Waldemar Dege, Uwe Grüning u. a. Carl Hanser Verlag, München–Wien 1989.

O Muse der Klage (Ü.: Elke Erb); Versuch, eifersüchtig zu sein (Ü.: Felix Philipp Ingold); Gedichte an eine Waise (1-4) (Ü.: Elke Erb)

Aus: Marina Zwetajewa, Versuch, eifersüchtig zu sein. Gedichte. Russisch und deutsch. Suhrkamp Verlag Frankfurt am Main 2002.

Die Stirne küssen (Ü.: Ilma Rakusa); Bin für deine Feder das Papier (Ü.: Felix Philipp Ingold); Deine Liebe war die falsche (Ü.: Felix Philipp Ingold); Liebe (Ü.: Ilma Rakusa); Es ist Zeit! (Ü.: Elke Erb)

Die Gedichte wurden für diesen Band neu übersetzt. Abdruck der Übertragungen mit freundlicher Genehmigung der Übersetzer.

Berggedicht; Endgedicht; Neujahrsbrief

Aus: Marina Zwetajewa, Gruß vom Meer. Gedichte. Aus dem Russischen von Felix Philipp Ingold. © 1994 Carl Hanser Verlag, München–Wien.

## *Alphabetisches Verzeichnis der Gedichtüberschriften und -anfänge*

An dich, der sich in hundert Jahren stellt . . . . . . . . . . . . 22
Auf dem Wege ging die Waise . . . . . . . . . . . . . . . . . . 91
Bei mir in Moskau . . . . . . . . . . . . . . . . . . . . . . . . 13
Berggedicht . . . . . . . . . . . . . . . . . . . . . . . . . . . . 37
Bin für deine Feder das Papier . . . . . . . . . . . . . . . . . . 19
Bist fort . . . . . . . . . . . . . . . . . . . . . . . . . . . . . . 97
Deine Liebe war die falsche . . . . . . . . . . . . . . . . . . . 32
Der Brief . . . . . . . . . . . . . . . . . . . . . . . . . . . . . . 31
Die Stirne küssen . . . . . . . . . . . . . . . . . . . . . . . . . 17
Dir – in hundert Jahren . . . . . . . . . . . . . . . . . . . . . . 22
Don Juan . . . . . . . . . . . . . . . . . . . . . . . . . . . . . . 15
Durch frevelnde Folianten . . . . . . . . . . . . . . . . . . . . 10
Ein Lied . . . . . . . . . . . . . . . . . . . . . . . . . . . . . . 25
Eine Bewegung – und weg . . . . . . . . . . . . . . . . . . . 37
Endgedicht . . . . . . . . . . . . . . . . . . . . . . . . . . . . . 47
Es ist Zeit! . . . . . . . . . . . . . . . . . . . . . . . . . . . . . 96
Gedichte an eine Waise . . . . . . . . . . . . . . . . . . . . . . 91
Geduldig, wie man Schotter bricht . . . . . . . . . . . . . . . 27
Gestern sah er mir ins Auge noch . . . . . . . . . . . . . . . . 25
Glückwunsch! Neu das Jahr . . . . . . . . . . . . . . . . . . . 82
Hamlets Dialog mit dem Gewissen . . . . . . . . . . . . . . . 28
Harrt so man der Post . . . . . . . . . . . . . . . . . . . . . . . 31
Hier, in der Welt . . . . . . . . . . . . . . . . . . . . . . . . . . 35
»Ich gehe für Minuten fort . . .« . . . . . . . . . . . . . . . . . 90
Im frostroten Sonnenaufgang . . . . . . . . . . . . . . . . . . 15
Liebe . . . . . . . . . . . . . . . . . . . . . . . . . . . . . . . . 36
Mich freut, daß Sie toll sind . . . . . . . . . . . . . . . . . . . 9
Mich retten Stanzen nicht . . . . . . . . . . . . . . . . . . . . 24
Mitten im rostigen Himmel . . . . . . . . . . . . . . . . . . . 47
Nah wie die rechte und linke Hand . . . . . . . . . . . . . . . 18
Nein, ich hab dich nicht mehr nötig . . . . . . . . . . . . . . . 20
Neujahrsbrief . . . . . . . . . . . . . . . . . . . . . . . . . . . 82

| | |
|---|---|
| Nicht ists bestimmt . . . . . . . . . . . . . . . . . . . . . . | 33 |
| Nimm, wundersamer Freund . . . . . . . . . . . . . . . . | 11 |
| O Muse der Klage . . . . . . . . . . . . . . . . . . . . . . | 14 |
| Sie ging hinab zum Grund . . . . . . . . . . . . . . . . . | 28 |
| Türkenschwert? Brand . . . . . . . . . . . . . . . . . . . | 36 |
| Versuch, eifersüchtig zu sein . . . . . . . . . . . . . . . | 79 |
| Vorbei an Türmen . . . . . . . . . . . . . . . . . . . . . . | 12 |
| Wie geht's mit der Andern weiter . . . . . . . . . . . . . | 79 |
| Zu früh – um nicht zu sein . . . . . . . . . . . . . . . . . | 29 |

# Inhalt

Mich freut, daß Sie toll sind . . . . . . . . . . . 9
Durch frevelnde Folianten . . . . . . . . . . . . 10
Nimm, wundersamer Freund . . . . . . . . . . 11
Vorbei an Türmen . . . . . . . . . . . . . . . . . 12
Bei mir in Moskau . . . . . . . . . . . . . . . . . 13
O Muse der Klage . . . . . . . . . . . . . . . . . 14
Don Juan . . . . . . . . . . . . . . . . . . . . . . . 15
Die Stirne küssen . . . . . . . . . . . . . . . . . . 17
Nah wie die rechte und linke Hand . . . . . . 18
Bin für deine Feder das Papier . . . . . . . . . 19
Nein, ich hab dich nicht mehr nötig . . . . . . 20
Dir – in hundert Jahren . . . . . . . . . . . . . 22
Mich retten Stanzen nicht . . . . . . . . . . . . 24
Ein Lied . . . . . . . . . . . . . . . . . . . . . . . 25
Geduldig, wie man Schotter bricht . . . . . . 27
Hamlets Dialog mit dem Gewissen . . . . . . 28
Zu früh – um nicht zu sein . . . . . . . . . . . 29
Der Brief . . . . . . . . . . . . . . . . . . . . . . . 31
Deine Liebe war die falsche . . . . . . . . . . . 32
Nicht ists bestimmt . . . . . . . . . . . . . . . . 33
Hier, in der Welt . . . . . . . . . . . . . . . . . . 35
Liebe . . . . . . . . . . . . . . . . . . . . . . . . . 36
Berggedicht . . . . . . . . . . . . . . . . . . . . . 37
Endgedicht . . . . . . . . . . . . . . . . . . . . . 47
Versuch, eifersüchtig zu sein . . . . . . . . . . 79
Neujahrsbrief . . . . . . . . . . . . . . . . . . . . 82
»Ich gehe für Minuten fort . . .« . . . . . . . . 90

Gedichte an eine Waise (1-4) . . . . . . . . . . . . . 91
Es ist Zeit! . . . . . . . . . . . . . . . . . . . . . . . 96
Bist fort . . . . . . . . . . . . . . . . . . . . . . . . 97

Anmerkungen . . . . . . . . . . . . . . . . . . . . . 99
Nachwort . . . . . . . . . . . . . . . . . . . . . . . 103
Quellenverzeichnis . . . . . . . . . . . . . . . . . . 112
Alphabetisches Verzeichnis der Gedicht-
    überschriften und -anfänge . . . . . . . . . . . . 113

# Liebesgedichte
## im insel taschenbuch

**Die schönsten Liebesgedichte.** Ausgewählt von Günter Berg. it 2827. 118 Seiten

**Die schönsten Liebesgedichte der Antike.** Ausgewählt von Michael Schroeder. it 3163. 114 Seiten

**Anna Achmatowa. Liebesgedichte.** Aus dem Russischen von Alexander Nitzberg. Ausgewählt von Olaf Irlenkäuser. it 2946. 113 Seiten

**Elizabeth Barrett-Browning.** Liebesgedichte. Englisch und deutsch. Übertragen von Rainer Maria Rilke. Mit einem Nachwort von Felicitas von Lovenberg. it 3187. 112 Seiten

**Bertolt Brecht.** Liebesgedichte. Ausgewählt von Werner Hecht. it 2824. 118 Seiten

**Paul Celan.** Liebesgedichte. Ausgewählt von Joachim Seng. it 2945. 104 Seiten

**Annette von Droste-Hülshoff.** Liebesgedichte. Ausgewählt von Werner Fritsch. it 2876. 126 Seiten

**Joseph von Eichendorff.** Liebesgedichte. Ausgewählt von Wilfrid Lutz. it 2821. 114 Seiten

**Johann Wolfgang Goethe.** Liebesgedichte. Ausgewählt von Karl Eibl. it 2825. 109 Seiten

**Heinrich Heine.** Liebesgedichte. Ausgewählt von Thomas Brasch. it 2822. 96 Seiten

**Hermann Hesse.** Liebesgedichte. Ausgewählt von Volker Michels. it 2826. 116 Seiten

**Indische Liebesgedichte.** Aus dem Indischen von Friedrich Rückert. Mit einer Einleitung von Martin Kämpchen. it 3173. 143 Seiten

**Else Lasker-Schüler.** Liebesgedichte. Ausgewählt und mit einem Nachwort von Eva Demski. it 3083. 137 Seiten

**Marie Luise Kaschnitz.** Liebesgedichte. Ausgewählt von Elisabeth Borchers. it 3123. 123 Seiten

**Friederike Mayröcker.** Liebesgedichte. Ausgewählt und mit einem Nachwort von Ulla Berkéwicz. it 3214. 141 Seiten

**Michelangelo.** Liebesgedichte. Übersetzt von Michael Engelhard. it 3244. 120 Seiten

**Eduard Mörike.** Liebesgedichte. Ausgewählt von Wilfrid Lutz. it 3040. 149 Seiten

**Novalis.** Liebesgedichte. Ausgewählt von Gerhard Schulz. it 2874. 103 Seiten

**Francesco Petrarca.** Liebesgedichte an Laura. Achtzig Gedichte aus dem »Canzoniere«. Aus dem Italienischen, erläutert und mit einem Nachwort versehen von Jürgen von Stackelberg. it 3022. 118 Seiten

**Alexander Puschkin.** Liebesgedichte. Aus dem Russischen von Michael Engelhard. Ausgewählt von Rolf-Dietrich Keil. it 2968. 126 Seiten

**Rainer Maria Rilke.** Liebesgedichte. Ausgewählt von Vera Hauschild. Mit einem Nachwort von Siegfried Unseld.
it 2823. 100 Seiten

**Joachim Ringelnatz.** Liebesgedichte. Ausgewählt von Günter Stolzenberger. it 3082. 132 Seiten

**William Shakespeare.** Liebesgedichte. Liebesszenen und Liebeslieder. Auswahl und Nachwort von Jutta Kaußen.
it 2987. 119 Seiten

**Wisława Szymborska.** Liebesgedichte. Aus dem Polnischen und ausgewählt von Karl Dedecius. it 3111. 138 Seiten

**Rabindranath Tagore.** Liebesgedichte. Ausgewählt und aus dem Bengalischen von Martin Kämpchen. it 2988. 106 Seiten

# Russische Literatur im Insel Verlag
## Eine Auswahl

**Anna Achmatowa.** Liebesgedichte. Übersetzt von Alexander Nitzberg. Ausgewählt von Olaf Irlenkäuser.
it 2946. 120 Seiten

**Andrej Bitow.** Puschkins Hase. Erzählungen. Übersetzt von Rosemarie Tietze. 160 Seiten. Gebunden

**Fjodor Michailowitsch Dostojewski**
Sämtliche Romane und Erzählungen. Übersetzt von Hermann Röhl.
- Band 5: Erniedrigte und Beleidigte. Ein Roman in vier Teilen. Mit einem Epilog. it 965. 484 Seiten
- Band 6: Aufzeichnungen aus einem Totenhause. it 966. 415 Seiten
- Band 8: Der Spieler. Aus den Aufzeichnungen eines jungen Mannes. it 968. 198 Seiten
- Band 9: Schuld und Sühne. Roman. it 969. 802 Seiten
- Band 10: Der Idiot. Roman. it 970. 951 Seiten
- Band 12: Die Teufel. Roman. it 972. 929 Seiten
- Band 13: Werdejahre. Roman. it 973. 801 Seiten
- Band 14: Die Brüder Karamasow. Roman. Dritter und vierter Teil. Zwei Bände. it 974. 1324 Seiten

Band 1, 2, 3, 4, 7, 11, 15 und 16 sind nicht mehr lieferbar.

*Einzelausgaben*
- Arme Leute. Roman. Übersetzt von Hermann Röhl. it 2146. 160 Seiten
- Der Doppelgänger. Ein Petersburger Poem. Übersetzt von Hermann Röhl. it 2885. 218 Seiten
- Der Großinquisitor. Übersetzt, mit Parallelstellen der Bibel und einem Nachwort versehen von Wolfgang Kasack. it 2940. 80 Seiten

- Der Großinquisitor. Übertragen und mit einem Nachwort von Rudolf Kassner. IB 149. 44 Seiten
- Der Idiot. Übersetzt von Hermann Röhl. it 3503. 950 Seiten
- Der Jüngling. Übersetzt von Hermann Röhl. it 1890. 801 Seiten
- Schuld und Sühne. Übersetzt von Hermann Röhl. it 2961 und it 3513. 976 Seiten
- Die Sanfte. Eine phantastische Erzählung. Übersetzt von Wolfgang Kasack. it 1138. 88 Seiten
- Weiße Nächte. Eine Liebesgeschichte. Übersetzt von Hermann Röhl. it 2834. 120 Seiten

**Dostojewski in Deutschland.** Herausgegeben von Karla Hielscher. Mit zahlreichen Illustrationen. it 2576. 290 Seiten

**Dostojewski in der Schweiz.** Ein Reader. Herausgegeben von Ilma Rakusa unter Mitwirkung von Felix Philipp Ingold. Mit zahlreichen Fotografien. 348 Seiten. Leinen

**Dostojewski.** Leben und Werk. Von Wolfgang Kasack. Mit Abbildungen. it 2267. 160 Seiten

### Nikolai Wassiljewitsch Gogol
- Aufzeichnungen eines Wahnsinnigen. Erzählungen. Übersetzt von Ruth Fritze-Hanschmann und Georg Schwarz. it 1513. 183 Seiten
- Der Mantel. Und andere Erzählungen. Übersetzt von Ruth Fritze-Hanschmann. Mit Illustrationen von András Karakas. Mit einem Nachwort von Eugen und Frank Häusler. it 241. 359 Seiten
- Die toten Seelen. Erzählung. Übersetzt von Hermann Röhl. it 987 und it 2966. 527 Seiten

**Maxim Gorki.** Der Landstreicher und andere Erzählungen. Übersetzt von Arthur Luther. Mit einer Einführung von Stefan Zweig und Illustrationen von András Karakas. it 2219. 310 Seiten

**Michail Lermontow.** Ein Held unserer Zeit. Übersetzt von Günther Stein. it 2965. 209 Seiten

**Wladimir Majakowski.** Liebesgedichte. it 3347. 120 Seiten

**Romola Nijinsky.** Nijinsky. Der Gott des Tanzes. Mit einem Vorwort von Paul Claudel. Übersetzt von Hans Bütow. Mit zahlreichen Fotografien. it 566. 399 Seiten

**Waslaw Nijinsky.** Tagebücher. Die Tagebuchaufzeichnungen in der Originalfassung. Übersetzt von Alfred Frank. it 2249. 282 Seiten

### Alexander Puschkin
- Der eherne Reiter. Eine Petersburger Erzählung. Mit Illustrationen von Alexander Benois. Übersetzt von Rolf-Dietrich Keil. it 2872. 200 Seiten
- Die Hauptmannstochter. Übersetzt von Arthur Luther. it 2967. 180 Seiten
- Jewgeni Onegin. Roman in Versen. Ausgewählt und übersetzt von Rolf-Dietrich Keil. it 2524. 270 Seiten
- Liebesgedichte. it 2968. 130 Seiten

### Lew N. Tolstoj
Die großen Romane. Geschenkausgabe in sieben Bänden. Anna Karenina. Krieg und Frieden. Auferstehung. 3948 Seiten. Pappband mit Dekorüberzug im Schuber

*Einzelausgaben*
- Anna Karenina. Herausgegeben von Gisela Drohla. Übersetzt von Hermann Röhl. Mit Illustrationen von Theodor Eberle. it 308 und it 3507. 1216 Seiten
- Auferstehung. Roman. Übersetzt von Adolf Hess. Mit Illustrationen von Theodor Eberle. it 791. 629 Seiten
- Die großen Erzählungen. Mit einem Nachwort von

Thomas Mann. Übersetzt von Arthur Luther und Rudolf Kassner. it 18. 323 Seiten
- Hadschi Murat. Eine Ezählung aus dem Land der Tschetschenen. Übersetzt von Arthur Luther. Mit einem Nachwort von Wolfgang Kasack. it 2709. 192 Seiten
- Kindheit. Knabenalter. Jünglingsjahre. Herausgegeben von Gisela Drohla. Übersetzt von Hermann Röhl. it 203. 436 Seiten
- Die Kosaken und andere Erzählungen. Herausgegeben von Gisela Drohla. it 1518. 478 Seiten
- Die Kreutzersonate. Erzählung. Übersetzt von Arthur Luther. Mit Illustrationen von Hugo Steiner-Prag. it 763. 176 Seiten
- Die Kreutzersonate. Erzählung. Übersetzt von Arthur Luther. it 2978. 180 Seiten
- Krieg und Frieden. Ein Roman in vier Teilen. Übersetzt von Hermann Röhl. Übertragung des zweiten Teils des Epilogs von Wolfgang Kasack. Mit Illustrationen von Theodor Eberle. Zwei Bände in Kassette. it 2757 und it 3307. 2112 Seiten
- Sämtliche Erzählungen. Fünf Bände in Kassette. Herausgegeben von Gisela Drohla. it 1252. 2352 Seiten
- Die schönsten Erzählungen. Übersetzt von Gisela Drohla, Alexander Eliasberg, Arthur Luther und Hermann Röhl. it 2790. 275 Seiten
- Der Tod des Iwan Iljitsch. Übersetzt von Gisela Drohla. Mit Illustrationen von Theodor Eberle. it 2427. 113 Seiten
- Wieviel Erde braucht der Mensch? Erzählungen und Legenden. Übersetzt von Alexander Eliasberg und Arthur Luther. it 1198. 151 Seiten

**Anton Tschechow**
- Die Dame mit dem Hündchen. Und andere Erzählungen. Mit Zeichnungen von András Karakas. Ausgewählt und mit einem Nachwort versehen von Werner Berthel. Übersetzt

von Reinhold Trautmann. it 174. 388 Seiten
- Die großen Dramen. Übersetzt und bearbeitet von Thomas Brasch.. it 2989. 368 Seiten
- Der Kirschgarten. Übersetzt und bearbeitet von Thomas Brasch. it 1341. 94 Seiten

**Iwan Turgenjew**
- Erste Liebe. Und andere Novellen. Übersetzt von Ena von Baer und Ekkehard Jäkel. Mit einem Nachwort von Friedrich Schwarz. it 257. 343 Seiten
- Erste Liebe. Novellen. Übersetzt von Ena von Baer. it 2324. 140 Seiten
- Frühlingsfluten. Novelle. it 2604. 188 Seiten
- Väter und Söhne. it 64 und it 3512. 299 Seiten

**Marina Zwetajewa.** Liebesgedichte. Ausgewählt von Ilma Rakusa. it 3348. 120 Seiten

## Literatur der Moderne
## im insel taschenbuch
## Eine Auswahl

**Thomas Bernhard.** Bernhard für Boshafte. Ausgewählt von Raimund Fellinger. it 3224. 120 Seiten

### Bertolt Brecht
- Die Flaschenpost und andere Geschichten aus der Weimarer Zeit. Herausgegeben von Jan Knopf. it 2948. 249 Seiten
- Die Gedichte in einem Band. Herausgegeben von Jan Knopf. it 3331. 1540 Seiten
- Lektüre für Minuten. Aus seinen Stücken, Gedichten, Schriften und autobiographischen Texten. Auswahl und Nachwort von Günter Berg. it 2864. 212 Seiten
- Liebesgedichte. Ausgewählt von Werner Hecht. it 2824. 117 Seiten

### Max Frisch
- Skizze eines Unglücks. Erzählungen aus dem Tagebuch 1966-1971. Großdruck. it 2391. 101 Seiten

### Hermann Hesse
- Die Antwort bist Du selbst. Briefe an junge Menschen. Herausgegeben von Volker Michels. it 2583. 420 Seiten
- Bäume. Betrachtungen und Gedichte mit Fotografien von Pieter Jos van Limbergen. Zusammenstellung der Texte von Volker Michels. it 455. 141 Seiten
- Eigensinn macht Spaß. Individuation und Anpassung. Ein Lesebuch. Zusammengestellt von Volker Michels. Großdruck. it 2373. 275 Seiten. it 2856. 192 Seiten
- Die Enheit hinter den Gegensätzen. Religionen und Mythen. it 2898. 192 Seiten
- Farbe ist Leben. Eine Auswahl seiner schönsten Aquarelle. Vorgestellt von Volker Michels. it 1810. 173 Seiten

- Franz von Assisi. Mit Fresken von Giotto und einem Essay von Fritz Wagner. it 1069. 127 Seiten
- Freude am Garten. Betrachtungen, Gedichte und Fotografien. Mit farbigen Abbildungen des Dichters. it 2204. 240 Seiten
- Die Gedichte. Herausgegeben und mit einem Nachwort von Volker Michels. 700 Seiten. Gebunden. it 2762. 840 Seiten.
- Gedichte des Malers. Zehn Gedichte mit farbigen Zeichnungen. it 893. 48 Seiten
- Hesse für Gestreßte. Herausgegeben von Volker Michels. it 2538. 160 Seiten
- Jedem Anfang wohnt ein Zauber inne. Lebensstufen. Zusammengestellt von Volker Michels.
  Großdruck. it 2357. 280 Seiten. it 2854. 208 Seiten.
- Kurgast. Großdruck. it 2386. 132 Seiten
- Das Leben bestehen. Krisis und Wandlung. it 2858. 196 Seiten
- Lebenszeiten. Ein Brevier, ediert von Siegfried Unseld. Mit Abbildungen und Dokumenten. Großdruck. it 2343. 290 Seiten
- Das Lied des Lebens. Die schönsten Gedichte. it 2859. 256 Seiten
- Luftreisen. Herausgegeben von Volker Michels. Mit zahlreichen Abbildungen. it 1604. 81 Seiten
- Magie der Farben. Aquarelle aus dem Tessin. Mit Betrachtungen und Gedichten zusammengestellt und mit einem Nachwort versehen von Volker Michels. it 482. 114 Seiten
- Mit dem Erstaunen fängt es an. Herkunft und Heimat. Natur und Kunst. it 2899. 195 Seiten
- Mit der Reife wird man immer jünger. Betrachtungen und Gedichte über das Alter. Mit Fotografien von Martin Hesse. Herausgegeben von Volker Michels. Großdruck.
  it 2311. 191 Seiten. it 2857. 148 Seiten
- Piktors Verwandlungen. Ein Liebesmärchen, vom Autor handgeschrieben und illustriert, mit ausgewählten Gedichten und einem Nachwort versehen von Volker Michels. it 122. 91 Seiten
- Schmetterlinge. Betrachtungen, Erzählungen, Gedichte. Mit einem Nachwort von Volker Michels. it 2424. 155 Seiten